Wilhelm Wilmers

Kritische Beleuchtung von vier Broschüren, welche gegen die Unfehlbarkeit des Papstes erschienen

Wilhelm Wilmers

Kritische Beleuchtung von vier Broschüren, welche gegen die Unfehlbarkeit des Papstes erschienen

ISBN/EAN: 9783743301153

Hergestellt in Europa, USA, Kanada, Australien, Japan

Cover: Foto ©Lupo / pixelio.de

Manufactured and distributed by brebook publishing software (www.brebook.com)

Wilhelm Wilmers

Kritische Beleuchtung von vier Broschüren, welche gegen die Unfehlbarkeit des Papstes erschienen

Kritische Beleuchtung

von vier Broschüren,

welche

gegen die Unfehlbarkeit des Papstes

erschienen

und unter die Väter des Concils vertheilt worden sind.

Autorisirte Uebersetzung der zweiten Auflage

der

„Animadversiones in quatuor contra Romani Pontificis infallibilitatem editos libellos".

Regensburg, New York & Cincinnati,
Papier, Druck und Verlag von Friedrich Pustet.
1870.

Vorwort.

In neuester Zeit sind vier Schriften im Drucke erschienen, die alle den Beweis zu liefern suchen, daß die Lehre von der Unfehlbarkeit des Papstes in Glaubenssachen theils vollständig oder doch einigermaßen von der Wahrheit abweiche, theils durch die Geschichte früherer Zeit widerlegt oder wenigstens nicht bestätigt werde. Wie wenig stichhaltig aber selbst die Hauptbeweise der Verfasser sind, das will ich in Kürze darlegen.

Im Gange meiner Beleuchtung glaubte ich mich an die Ordnung der Schrift halten zu sollen, welche den Titel trägt: «Observationes quaedam de infallibilitatis Ecclesiae subjecto» (Neapoli 1870). Sie kam von den vieren zuerst heraus, wenigstens fiel sie mir zuerst in die Hände; sodann berührt sie die meisten Punkte unserer Frage und bietet so Gelegenheit, die Beweise auch der übrigen Schriften beim Lichte zu besehen und zu widerlegen. Daher lasse ich selbst die Titel stehen, welche der Verfasser jener Schrift seinen einzelnen Abschnitten gab. — Die übrigen Schriften sind von ihren Verfassern also betitelt worden: die zweite: «De Summi Pontificis infallibilitate personali» (Neapoli 1870);[1] die

---

[1] Dieselbe erschien in deutscher Uebersetzung zu Münster unter dem Titel: „Eine Stimme vom Concil über die persönliche Unfehlbarkeit des Papstes." (Anm. d. Uebers.)

britte: «Causa Honorii Papae. Scripsit Carolus Josephus de Hefele, Episcopus Rottenburgensis» (Neapoli 1870);¹) die vierte endlich: «(Ad instar manuscripti impressum) (Quaestio).» Der Druckort ist nicht erwähnt.²)

Auf alles Einzelne, was in diesen Schriften einer Berichtigung bedürfte, will ich nicht eingehen. Manches steht mit der Streitfrage kaum in einem Zusammenhange; Anderes ist so schwach, daß es keiner Widerlegung bedarf; das Uebrige endlich fällt mit den Hauptmomenten, worauf es sich stützt, von selbst zusammen.

Betreffs dieser zweiten Auflage erlaube ich mir zu bemerken, daß einzelne Theile weiter entwickelt worden, indem theils neue Gesichtspunkte berührt, theils die Anschauungen der Gegner noch weiter widerlegt wurden.

Rom am Feste der hl. Dreifaltigkeit 1870.

---

¹) Dieselbe erschien in autorisirter deutscher Uebersetzung zu Tübingen unter dem Titel: „ . . . . Concil" (Anm. d. Uebers.)

. . . . er nannte, hat,
wie . . . . hiedenste für
sich

I.
Um was handelt es sich?

1. Aus dem Princip, welches der Verfasser der „Bemerkungen" zugibt, folgt die Lehre, die er bekämpft. — 2. Wer gab Veranlassung, daß diese Frage angeregt wurde? — 3. Ohne Grund beschränkt er den Gehorsam, den man den päpstlichen Decreten schuldig ist. — 4. Indem der Verfasser des Schriftchens: „Von der persönlicher Unfehlbarkeit des Papstes" den vollständigen Gehorsam annimmt, nimmt er auch die Lehren an, welche er bestreitet. — 5. Der Verfasser der als Manuscript gedruckten Broschüre stellt in Abrede, der Papst habe die „Vollgewalt" in dem Sinne, daß ihm das Recht zustehe, für sich allein Glaubensentscheidungen zu erlassen. — 6. Auf was läuft die Frage hinaus? — 7. Die Gegner haben den Beweis zu führen, daß die Mitwirkung der Kirche erforderlich sei. — 8. Ansicht des Verfassers der „Bemerkungen" von den Irrthümern unserer Zeit und deren Heilung. — 9. Schrifterklärung des Verfassers der als Manuscript gedruckten Broschüre, indem er eine Reihe von Väterstellen aus Launoi entnimmt.

1. Der Verfasser der „Bemerkungen" sagt, es handle sich nicht darum, „ob der Papst über dem allgemeinen Concil stehe oder nicht" und gesteht, „daß Alle darin übereinstimmen, der heil. Stuhl sei als der Fels, den die Pforten der Hölle nicht überwältigen werden, die unerschütterliche Grundveste des Glaubens." (S. 2.) Indeß zog er daraus nicht sofort auch die Schlußfolgerung, die durchaus sich zu ergeben scheint, nämlich, dem Petrus und seinen Nachfolgern komme das Vorrecht zu, daß, so oft sie etwas als Glaubenslehre entscheiden, eine solche Entscheidung keinen Irrthum enthalten könne. Wenn er aber jenes Wort Christi: „die Pforten der Hölle werden sie nicht überwältigen" (Matth. 16, 18.) zunächst auf „petra" (Fels) bezieht, und deßhalb zugibt der Stuhl Petri sei allen Angriffen der Hölle überlegen, so hätte er dieses durch das Ansehen der gewiegtesten Väter, namentlich des hl. Augustin, bekräftigen können,[1] wenn es ihm darum zu thun gewesen wäre. Indessen wenn er diese Worte auch auf „ecclesia"

---

[1] S. Aug. Psalm. contra partem Donati:
Zählet die Priester auch nur auf dem Stuhle Petri,
Und sehet in dieser Reihenfolge der Väter, wie sie sich folgen,
Das ist der Fels, den die stolzen Gewalten der Hölle nicht überwinden.

(Kirche) beziehen zu müssen glaubte, so ist auch dann nicht abzusehen, wie er nicht zu der Folgerung gezwungen wurde, Petrus und seine Nachfolger können in Entscheidungen über Glaubensfragen keinem Irrthum verfallen. Wenn die Kirche, in welcher vor Allem der wahre Glaube gewahrt bleiben muß, ihre Festigkeit durch Petrus und seine Nachfolger erlangt: wie ist es dann möglich, daß Petrus und seine Nachfolger in der Glaubenslehre irren können, ohne daß auch die Kirche selbst irren und ihre Festigkeit verlieren könne? — Beweist man ferner nicht für die Kirche selbst ihre Unwandelbarkeit im Glauben besonders daraus, daß nach der göttlichen Verheißung die Pforten der Hölle sie nie überwältigen werden, sowie daraus, daß sie die Säule und Grundveste der Wahrheit genannt wird? — Warum also sollte der Grund, welcher darthut, die Kirche könne im Glauben nicht irren, nicht ebenso darthun, der hl. Stuhl könne nicht irren in Ausübung seines Lehramtes? Es ist gewiß, das Ansehen eines allgemeinen Concils, welches Alle in seinen Glaubensdecreten für unfehlbar halten, könnte nicht mit deutlichern Worten hervorgehoben werden, als wenn man dasselbe die unerschütterliche „Grundveste des Glaubens" nennt. Das sieht wohl ein Jeder: eben dadurch, daß der Verfasser sagt, der heil. Stuhl sei nach Uebereinstimmung Aller die unerschütterliche Veste des Glaubens, räumt er ein, was er zu bestreiten sucht, nämlich die Unfehlbarkeit des hl. Stuhles in seinen lehramtlichen Entscheidungen. Hier hängt Alles auf's Engste zusammen; wer die Grundsätze zugibt, an denen jeder Katholik festhalten muß, der muß folgerichtig auch die fragliche Wahrheit zugeben.

2. Ist diese Lehre in der That so innig mit den Wahrheiten verwoben, welche alle Katholiken annehmen, so ist es wahrlich kein Wunder, daß Viele von Anfang an hofften, das vatikanische Concil werde dieselbe dem Dunkel entreißen, worein man sie zu hüllen suchte, und Allen als Glaubenssatz vorlegen. Bringt doch die sichere Erklärung der Hinterlage des katholischen Glaubens der Kirche jederzeit den größten Nutzen. Wenn daher der Verfasser der „Bemerkungen" ungehalten bemerkt: „Auch waren es die Feinde der Kirche nicht, welche diese Erörterungen veranlaßten; im Gegentheile, sie bemächtigten sich nicht dessen, was ihnen ein unkluger und ungemäßigter Eifer in die Hände gab," so bezweifeln wir, ob dieser Tadel berechtigt ist. Wer Diejenigen tadeln will, die diese Frage anregten, der sollte die Bewegungen und Neuerungen der beiden letzten Jahrhunderte in verschiedenen Ländern nicht übersehen, um nur ein Paar Zeitschriften anzuklagen, die jene weit verbreitete und uralte Lehre vertheidigten. Möge er sich vor Allem mit seinem Tadel gegen jene richten, welche die Nothwendigkeit einer Entscheidung

in dieser Frage herbeiführten. Es ist ja bekannt, daß der Gallikanismus in Frankreich, der Febronianismus in Deutschland, der Josephinismus in Oesterreich, verbunden mit dem Jansenismus und Rationalismus, wie er alle Länder durchsäuert, nach dem Urtheile Vieler die Veranlassung gaben, daß jedes künftige Concil nach dem von Trient eine Frage nicht umgehen dürfe, deren Entscheidung damals nicht so bringend gefordert war, wie es durch die Ereignisse der Neuzeit geschieht. Wahrlich, wäre das Concil von Trient nicht aus verschiedenen Gründen von der Lösung dieser Frage abgehalten worden, die Kirche hätte in den letzten Jahrhunderten weniger Unheil zu betrauern gehabt. Daher kommt es, daß Viele der Meinung sind, wenn das Concil von Trient klug gehandelt habe, diese Frage ungelöst zu lassen, so würde das vatikanische Concil unklug handeln, daran vorbei zu gehen. Nicht die Vertheidiger, sondern die Gegner dieser Lehre haben diese Nothwendigkeit heraufbeschworen.

3. Der Verfasser gesteht weiterhin, es handle sich nicht darum, ob „die Entscheidungen des Papstes in Glaubens- und Sittenlehren mit bereitwilligem Gehorsam und großem Vertrauen angenommen werden müßten oder nicht; diese Verpflichtung, sagt er, anerkennt jeglicher Katholik." Er gehört also nicht zu jenen, welche für Glaubensentscheidungen des Papstes blos ein „unterwürfiges Stillschweigen" fordern; er begreift, wie es scheint, gar wohl, daß Derjenige, welcher in Glaubenssachen etwas bestimmen und vorschreiben, mit andern Worten, etwas als geoffenbarte Wahrheit zu glauben vorlegen kann, auf etwas mehr Anspruch machen müsse, als nur darauf, daß man ihm nicht widerspreche. Nicht widersprechen heißt ja noch nicht gehorchen und das Befohlene vollziehen. Wer dem Papste, wenn er etwas entscheidet und als Glaubenssache vorlegt, nichts weiter entgegenbringt als ein „unterwürfiges Stillschweigen", der leistet das Befohlene nicht, somit gehorcht er auch nicht, er hütet sich blos vor offener Auflehnung.

Wenn der Verfasser aber sagt, die Entscheidungen des Papstes in Glaubens- und Sittenlehren seien mit bereitwilligem Gehorsam und „großem Vertrauen" aufzunehmen, so möchte ich wissen, was für Stellen der hl. Schrift, oder was für Beweisstücke kirchlicher Lehre ihn berechtigen, die Unterwerfung des Verstandes zu einem blos großen Vertrauen herabzustimmen. Sicher dachte er dabei nicht an die Worte des Florentiner Concils, womit die Entscheidung gegeben ist: „daß der Bischof von Rom . . . . der Vater und der Lehrer aller Christen sei, und daß in dem hl. Petrus ihm die volle Gewalt von unserm Herrn Jesus Christus gegeben worden sei, die gesammte Kirche zu weiden, zu regieren und zu leiten, wie solches auch in den Beschlüssen der allgemeinen Concilien und in den hl. Canones enthalten ist." Auch jener Artikel des Tridentinischen Glaubensbekenntnisses scheint dem Verfasser entgangen zu sein: „Die heilige, katholische und Apostolische Römische Kirche anerkenne ich als die Mutter und die Lehrerin aller übrigen Kirchen und ich gelobe eidlich **wahren Gehorsam** dem **Bischofe zu Rom**, als dem Nachfolger des Apostelfürsten, des heil. Petrus, und als dem Stellvertreter Jesu Christi." Demjenigen, welcher von Gott aufgestellt ist, auf daß er die gesammte Kirche lehre, was sie zu glauben habe, muß man nicht blos mit großem Vertrauen, sondern geradezu mit vollständiger Unterwerfung des Verstandes entgegenkommen.

Seine Ansicht vom Gehorsam entwickelt der Verfasser übrigens weitläufiger an einem andern Orte (S. 79); wir werden also dort diese Frage wieder aufnehmen. Inzwischen sei hier nur bemerkt, daß er etwas Wichtiges **übersieht**, nämlich den gewaltigen Unterschied, welcher zwischen dem schuldigen Gehorsam in Sachen des Handelns oder der That und dem Gehorsam in Sachen des Glaubens vorhanden ist. Der Gehorsam im Handeln fordert die Unterwerfung des Willens; der Gehorsam im Glauben die Unterwerfung des Verstandes; denn **der** Glaube ist ein Act des Verstandes. Wenn also von der Unterwerfung die Rede ist, welche man dem Papste in Glaubenssachen **schuldet**, so meint man die Unterwerfung des Verstandes, welcher Demjenigen, was als geoffenbart und deshalb als Glaubensartikel vorgelegt wird, als einer von Gott geoffenbarten Wahrheit auf das Entschiedenste beipflichtet.

4. Eine geringere Beeinträchtigung erfährt dieser Gehorsam vom Verfasser jener andern Schrift „Von der persönlichen Unfehlbarkeit des Papstes." Wo er die Punkte darlegen will, die „ohne Controverse von den Katholiken angenommen werden," gesteht er offen ein: „Es verstößt gegen Wahrheit und sittliche Pflicht, die Entscheidungen des Papstes in Glaubens- und Sittenlehre nur mit äußerlicher Unterwerfung (etwa dem famosen „unterwürfigen Stillschweigen"), nicht aber mit innerer Unterwerfung des Geistes aufzunehmen. Ob diese innere Unterwerfung eine Zustimmung des Gehorsams oder des Glaubens sei, das hängt vom Gegenstande der Entscheidung ab. Die Zustimmung des Glaubens ist da gefordert, wo von Gott geoffenbarte Wahrheiten, als solche, von der Kirche zu glauben vorgestellt werden, **z. B. in** Bezug auf den Sinn eines Irrthums gegen den Glauben oder eines verworfenen Satzes; die innere Zustimmung **des** Gehorsams, auch die moralische genannt, kommt zur Anwendung in andern Thatsachen, die nicht im strengen Sinne dogmatische

sind, z. B. in Bezug auf die innere (?) Gesinnung, die einen Autor beseelte." (S. 4.)

Sagen wir es kurz: der Verfasser gibt zu, daß die Gläubigen — wohl alle, da alle dem Papste unterworfen sind, — zur Zustimmung des Glaubens verpflichtet seien, so oft die Kirche etwas als geoffenbart oder als Glaubenspunkt kraft ihrer höchsten Lehrgewalt vorlege. Wie er nun diesen Grundsatz zugibt und nicht sofort auch einräumt, solche Entscheidungen der Kirche seien nothwendig irrthumsfrei, somit der Papst bei deren Erklärung unfehlbar, das ist wahrlich schwer zu begreifen. Denn mit den Verheißungen Christi verträgt es sich nimmermehr, daß die ganze Kirche in Irrthum geführt oder zum Glauben einer irrthümlichen Lehre verpflichtet werde. Und doch müßte man dies hinnehmen, wofern der Papst in den angeführten Entscheidungen auch nur einmal irren könnte. — Es verträgt sich aber **nicht**: einräumen, was „unter Katholiken keiner Controverse unterliegt" (S. 3) und nicht einräumen, der Papst könne in Glaubensentscheidungen nicht irren. Einem gar glücklichen Gedanken war unser Verfasser gefolgt, als er am Eingange seiner Abhandlung die so wichtige und so lichtvolle Wahrheit aufstellte: „In dieser Frage die nöthigen Unterscheidungen mit Sorgfalt anwenden, heißt beinahe sie vollständig lösen." (S. 3.) Es unterscheide Einer die Zustimmung, welche Alle in Glaubensentscheidungen dem Papste schulden, von der blos äußerlichen Unterwerfung, sodann unterscheide er die innere Zustimmung wieder in die Zustimmung des Gehorsams und in diejenige des Glaubens und gebe dann zu, man schulde diese letztere: ein Solcher wird die Unfehlbarkeit des Papstes nicht leugnen können, ohne zugleich **die Unwandelbarkeit der Kirche** zu leugnen.

Mit den Punkten „welche bei Katholiken keiner Controverse unterliegen", steht auch das Folgende nicht sehr im Einklange, was der Verfasser zur Entkräftung der Schriftbeweise anführt. In Bezug auf Matth. 16, 18 und Joh. 21, 15—17 schreibt er: „Den Primat des Lehramtes, um den es sich handelt, übt der Papst doch gewiß auch in hinreichendem Maße aus, wenn er mit dem übrigen Apostolate und nicht selbst in eigener Person unfehlbar ist." (S. 15.) Ist man etwa nur dann, wenn der Papst „mit dem übrigen Apostolate" etwas als geoffenbarte Wahrheit entscheidet **oder** zu glauben vorstellt, die Zustimmung des Glaubens schuldig? — Gewiß, das wollte der Verfasser nicht sagen, als er jene Punkte **dar**legte, die „bei Katholiken keiner Controverse **unterliegen**". Gestehe man also, die ganze Kirche könne zum Glauben eines Irrthums verpflichtet werden, wenn der Papst in Glaubensentscheidungen irren kann; gestehe man desgleichen, es genüge nicht, daß der Papst nur „mit dem übrigen Apostolate" unfehlbar sei. — Eine andere Bemerkung dürfte sich klar ergeben. Der Verfasser meint, wie man aus jenen Schriftstellen die Unfehlbarkeit des Papstes in Glaubensentscheidungen ableite, so könne man mit ebensoviel Recht aus andern Stellen, in denen auch den Bischöfen die Macht zu weiden und zu lehren ertheilt wird, die Unfehlbarkeit derselben folgern. Nicht doch. Denn daß von einem Bischofe eine einzelne Heerde in Irrthum geführt werde, steht mit den Verheißungen Christi nicht im Widerspruch; wohl aber steht damit in Widerspruch, daß die ganze Kirche in Irrthum geführt werde, also daß derjenige irren könne, dem das Amt, die ganze Kirche zu weiden und zu lehren, übertragen ist, und dessen Entscheidungen Alle die Zustimmung des Glaubens schulden.

Sich selbst bleibt der Verfasser nicht consequent genug, wenn er behauptet, „die Vertheidiger der päpstlichen Unfehlbarkeit seien darin zu rügen, daß sie von der Unterscheidung zwischen dem Stuhle und der Kirche Roms und zwischen der Person des Papstes nichts wissen wollen." (S. 14.) Wie? Unterliegt denn bei Katholiken nur das „keiner Controverse", man schulde innere Unterwerfung des Geistes „dem Stuhle und der Kirche Roms", indem durch diese Worte die Reihe der Päpste oder die Menge der Gläubigen zu Rom bezeichnet wird, nicht aber den Päpsten selbst und zwar den einzelnen, wenn sie in Sachen des Glaubens und der Sitten etwas entscheiden? — Wahrlich, der Verfasser würde darob entrüstet sein, und das mit Recht, wenn wir seine Ansicht über den Gehorsam, den man den Entscheidungen des Papstes schuldet, wie er solche bei Darlegung allgemein anerkannter katholischer Grundsätze ausgesprochen hat, so auffassen wollten, als rede er von dem Gehorsam, den man nur der Reihenfolge der Päpste oder gar dem römischen Volke schuldig sei.

Hieraus allein erhellt schon, daß der Versuch des Verfassers mißglücken mußte, das Argument zu entkräften, welches so oft für die Unfehlbarkeit des Papstes von den Worten des Heilandes Luk. 22, 32 entnommen wird; „Ich habe für dich gebetet" u. s. w. Er gibt zu und muß zugeben, es werde hier dem **Petrus und seinen** Nachfolgern ein besonderer Vorzug verheißen, und er gibt gleichfalls zu, dieser Vorzug **bestehe** darin, daß der Glaube des Petrus und seiner Nachfolger nicht Schaden leide. In der That, wer zugibt, Petrus sei von Christus zum Haupte und Fürsten der Kirche erwählt worden, muß der nicht zugleich zugeben, daß wenn dem Petrus etwas übertragen wird, was seiner Natur nach zum Amte des Hauptes

und Fürsten gehört, dieses ihm als dem Haupte und Fürsten über=
tragen werde, und folglich auch seinen Nachfolgern? Abgesehen davon, daß
durch die Worte dieser Stelle selbst die Abhängigkeit der Uebrigen von Petrus,
als dem Haupte klar genug ausgesprochen ist, da ja Petrus von Gott selbst,
die Uebrigen aber durch Petrus im Glauben gefestigt werden sollen. Mit
Recht gibt daher der Verfasser zu, daß dasjenige, was dem Petrus Betreffs
des Nicht-Wankens im Glauben verheißen wird, ihm als dem Haupte Aller
verheißen sei, folglich auch seinen Nachfolgern. Dann aber fügt er bei
(S. 17): „Die Verheißung ist wahrhaft erfüllt und der Vorzug gewahrt
worden, indem auf dem Lehrstuhle des heiligen Petrus oder auf dem
Stuhle und in der Kirche zu Rom der Glaube niemals Schaden ge=
litten hat, noch jemals leiden wird." Das Uebrige können wir übergehen.
Immer kehrt die doppelte Frage wieder: Ist man Gehorsam schuldig nur
der ganzen Reihenfolge der Päpste, oder ist man ihn den einzelnen
schuldig, wenn sie zur Stärkung der Uebrigen Glaubensdecrete erlassen?
Wird die Kirche im wahren Glauben verharren nur im ganzen Verlauf der
Jahrhunderte, oder wird sie es in jedem einzelnen Jahrhundert, Jahrzehnt,
ja an jedem einzelnen Tage? —

Nachdem der Verfasser zwischen Vorzug und Pflicht unterschieden hat,
spricht er sich über letztere so aus: „Die Pflicht ist gleichfalls erfüllt
worden und wird erfüllt werden, indem die Bischöfe nebst den Gläubigen
vom hl. Stuhle im Glauben bestärkt werden." (S. 17.) Ein großer Unter=
schied ist hier nicht zu übersehen zwischen der Pflicht, die erfüllt werden
soll, und zwischen dem Vorzug, welcher verheißen ist. Daraus, daß dem
Petrus und seinen Nachfolgern als den Stellvertretern Christi und den
Lehrern aller Christen der genannte Vorzug verheißen ist, folgt, daß, so
oft sie die gesammte Kirche kraft ihres Amtes unterrichten, ihr Glaube ohne
Irrthum sei; dagegen folgt aus dem Umstande, daß ihnen die Pflicht, ihre
Brüder zu stärken auferlegt wurde, keineswegs, daß sie auch diese Pflicht
immer getreu erfüllen, oder niemals durch Nachlässigkeit fehlen würden.
Denn nicht die Beflissenheit in Erfüllung ihres Amtes ist ihnen ver=
heißen, noch überhaupt der Vorzug, nie etwas zu verschulden. Ganz
dasselbe gilt von der lehrenden Kirche überhaupt und besonders von den
allgemeinen Concilien. Diesen ist allerdings der Vorzug verheißen, in ihren
Glaubensentscheidungen nicht zu irren. Ist ihnen verheißen, daß sie ihre
Pflicht immer gut erfüllen und namentlich, daß sie in allen Fragen, wo
solches am Platze, Glaubensentscheidungen erlassen würden, und das Alles so
schnell, daß sie jedem Schaden irgend eines Theiles der Kirche zuvorkämen?

— Auch daraus, daß der Papst eine Zeit lang auf eine Glaubensentscheidung warten läßt, während gewichtige Gründe und das eigene Gewissen ihn zur Beschleunigung drängen, folgt nicht sofort, daß die ganze Kirche vom Glauben abfalle oder zur Annahme des Irrthums genöthigt werde, wie dies in der That der Fall wäre, wenn er auch nur einmal statt der Wahrheit den Irrthum lehren würde. Wenig passend beruft sich der Verfasser auf das Beispiel des Honorius: doch davon wird weiter unten die Rede sein.

5. Der Verfasser der als Manuscript gedruckten Broschüre faßt bei seiner Erörterung die Vollgewalt und Regierung der Kirche in's Auge. „Es frägt sich," so beginnt er, ob die Regierung der Kirche eine absolute, oder eine gemäßigte Monarchie darstelle? mit andern Worten, ob dem Römischen Papste von Christus dem Herrn einfachhin die ganze Vollgewalt, oder ob ihm der bedeutendste Theil der Gewalt, aber nicht die ganze verliehen sei, so daß die ganze Fülle der Gewalt besteht theils aus der Gewalt des Römischen Papstes, als dem Hauptbestandtheil, theils aus der Gewalt der Bischöfe, als dem Bestandtheil, welcher von weit tieferem Range und dem vorigen untergeordnet ist?" Der Verfasser stellt diese Frage nicht in dem Sinne, ob Christus gewollt habe, daß außer dem Römischen Papste es in der Kirche Bischöfe gebe, welche auch mit der Gewalt zu weiden, also zu regieren und zu lehren, ausgerüstet sind; seine Frage geht vielmehr dahin, ob im Römischen Papste die Gewalt selbst eine volle sei oder nicht? — Auf diese Frage aber lag eine genügende Entscheidung vor. Wir lesen nämlich in dem Glaubensbekenntnisse, welches Michael Paläologus in einem allgemeinen Concil, dem zweiten zu Lyon, vorlegte: „Die heilige Römische Kirche besitzt auch den höchsten und vollen Primat und das Principat über die gesammte katholische Kirche, den sie vom Herrn selbst in dem heiligen Petrus, dem Fürsten oder Haupte der Apostel, dessen Nachfolger der Römische Papst ist, mit der Fülle der Gewalt empfangen zu haben, in Wahrheit und Demuth anerkennt. Und wie sie vor allen übrigen (Kirchen) die Pflicht hat, den wahren Glauben zu schützen, so müssen auch etwa auftauchende Streitfragen des Glaubens durch ihr Urtheil ihre Entscheidung finden. Ihr kommt aber diese Machtfülle in der Weise zu, daß auch die übrigen Kirchen an ihrer Obsorge Theil nehmen. . . ." Eben so lesen wir im Decrete des Concils von Florenz: „Wir erklären . . . . daß ihm (dem Römischen Papste) in der Person des heiligen Petrus von unserm Herrn Jesus Christus zum Weiden, Regieren und Leiten der gesammten Kirche die volle Gewalt verliehen worden."

Vielleicht in Folge der angeführten Decrete räumt der Verfasser kurz darauf (S. 2) ein: „Das stand immer fest, der Römische Papst habe die volle Gewalt über die gesammte Kirche, allein (fügt er hinzu) das stand bis heute nicht fest, diese Autorität des Römischen Papstes sei in dem Sinne die höchste, daß sie für sich allein, unabhängig von jeglicher Mitwirkung und Zustimmung der ganzen Kirche, unfehlbar ist."

Aber wie? Wenn es eine „volle Gewalt über die gesammte Kirche" nicht gibt und nicht geben kann ohne eine Autorität, die in dem Sinne die höchste ist, daß sie „für sich allein, unabhängig von jeglicher Mitwirkung und Zustimmung der ganzen Kirche, unfehlbar ist?" — Das, sagen die Vertheidiger unserer Lehre, sei sowohl in den Worten, womit der Herr dem Petrus den Primat theils verhieß (Matth. 16, 16.), theils ertheilte (Joh. 21, 15.), als auch in den conciliarischen Entscheidungen selbst mit Gewißheit enthalten. Und nicht etwa blos in den drei letzten Jahrhunderten finden wir diese Ansicht vertreten, es war die allgemeine Lehre der Theologen bis zum Konstanzer Concil: da traten hierin, wie das auch in andern Lehrpunkten der Fall war, abweichende Meinungen hervor. — Noch eines: wenn feststeht, und zwar ohne Beschränkung, „der Römische Papst habe die volle Gewalt über die gesammte Kirche," warum steht dann nicht fest, er habe auch die volle Lehrgewalt, da die Lehrgewalt doch ohne Zweifel ein Theil der Kirchengewalt ist, ja mit der Regierungsgewalt die ganze Macht der Jurisdiction bildet, die wir natürlich von der Gewalt der Weihe unterscheiden? — Und wie stehen die zwei Behauptungen, welche der Verfasser auf der nämlichen Seite vorbringt, nicht miteinander im Widerspruch: „Das stand immer fest, der Römische Papst habe die volle Gewalt über die gesammte Kirche;" und „man braucht nicht zu sagen, dem Petrus sei geradezu die ganze Fülle der Kirchengewalt verliehen worden"? — Wenn der Primat der Jurisdiction" die volle Gewalt über die gesammte Kirche" einschließt, warum soll er nicht auch „geradezu die ganze Fülle der Kirchengewalt" in dem Sinne einschließen, der Papst sei im Lehren eben so unabhängig „von der Mitwirkung und Zustimmung der ganzen Kirche," als er davon unabhängig ist im Regieren? —

„Aber, heißt es, bis heute stand es nicht fest, diese Autorität des Papstes sei in dem Sinne die höchste, daß sie für sich allein, unabhängig von jeglicher Mitwirkung und Zustimmung der ganzen Kirche, unfehlbar ist." Will hiemit der Verfasser sagen, die Decrete der Concilien, welche dem Papste die „volle Gewalt" beilegen, handelten von den wesentlichen Theilen dieser vollen Gewalt nicht so ausführlich, wie von der „vollen

Gewalt" selbst; oder seit dem Konstanzer Concil herrsche in Erörterung jener Theile oder in Hinsicht jenes Theiles der Gewalt, der das Lehramt betrifft, unter **den** Theologen nicht eine so große Uebereinstimmung, wie in Vertheidigung der Vollgewalt selber, oder in Bezug auf die höchste Regierungsgewalt, so ist dagegen nichts einzuwenden. Da haben wir auch den Grund, weshalb Mehrere meinten, die Lehre, welche dem Papste geradezu die volle und unfehlbare Lehrgewalt zuerkenne, komme zwar dem katholischen Glauben **nahe**, sei indeß nicht ganz ein Theil des katholischen Glaubens, und so sei denn auch die entgegengesetzte Ansicht der Häresie sehr nahe (haeresi proxima), nicht aber eigentlich schon häretisch. Richtig, aber was nicht das Prädikat verdient „certum fide catholica", also nicht durch eine ganz deutliche und Allen unbezweifelbare Erklärung der Kirche feststeht, das kann das Prädikat verdienen „certum fide divina", insofern durch stichhaltige Argumente gezeigt wird, es sei in der göttlichen Offenbarung enthalten. Wenn also die Lehre von der Unfehlbarkeit des Papstes von der Kirche auch nicht so scharf entschieden ist, daß die Leugnung derselben von der kirchlichen Gemeinschaft ausschließt, so läßt sich daraus noch keineswegs gleich die Folgerung ziehen, diese Lehre **sei** schlechtweg aus der Luft gegriffen und erlange durch keine andere Argumente Gewißheit.

In solcher Weise übt der Verfasser ein Schlußverfahren, das sich logisch nicht rechtfertigen läßt. Aus dem oben aufgeführten doppelten Satze (S. 2.) folgert er kühn: „Also hatte der Papst nicht das Recht, aus eigener Auctorität allein, unabhängig von jeglicher Mitwirkung und Zustimmung der ganzen Kirche Glaubensdecrete zu erlassen; die Gläubigen waren auch nicht verpflichtet, dem Papste allein, wenn er ohne vorhergehende oder begleitende oder nachfolgende Zustimmung und Mitwirkung der ganzen Kirche etwas entscheidet, eigentlichen Glauben (assensam fidei divinae) zu schenken. Denn was zum Glauben gehört, darf keinem Zweifel unterliegen. Diese höchste, s. g. persönliche und unfehlbare Auctorität war somit, weil nicht von allen Seiten feststehend, in der That und für die Praxis gar keine."

Hier wird allerlei durcheinander geworfen; dasselbe widerfährt auch dem Verfasser der „Bemerkungen" (S. 3, 4). Daraus, daß die Unfehlbarkeit des Papstes nicht vorläufig feststeht fide catholica, folgt nicht einmal, daß auch das Recht, solche Decrete zu erlassen, nicht feststehe fide catholica. Das gibt der Verfasser doch gewiß zu: würde ein allgemeines Concil erklären, der Papst habe das Recht, ohne Mitwirkung der Kirche Glaubensdecrete zu erlassen, so wüßten wir fide catholica, daß ihm dieses Recht zukomme; und dennoch wäre durch eine solche Entscheidung des Concils die Unfehlbarkeit des Papstes weder vorläufig, noch, wenn es so beliebt, zugleich ausdrücklich entschieden. Würde der Verfasser, wenn eine derartige Entscheidung von einem allgemeinen Concil erlassen würde, wohl die Stirne haben, in Abrede zu stellen, es sei fide catholica gewiß, daß der Papst das Recht habe, Glaubensdecrete zu erlassen? — Vielleicht wird er entgegnen, in einer derartigen Rechtsentscheidung werde einschließlich auch die Unfehlbarkeit entschieden. Es ist wahr; indeß bleibt ebenso wahr: was nur einschließlich erklärt oder entschieden wird, das wird nicht vorläufig und ausdrücklich entschieden.

Gehen wir noch weiter. Würde man auch einräumen müssen, daß weder die Unfehlbarkeit noch jenes Recht durch conciliarische Entscheidungen feststehe, und daß nie in Bezug auf das Recht ganz vollkommen dieselbe Ansicht geherrscht habe: auch dann ließe sich noch nicht folgern, die Unfehlbarkeit oder das Recht ermangle der certitudo divina. Was nämlich durch stichhaltige Argumente aus den Quellen der Offenbarung abgeleitet wird, das ist gewiß certitudine divina und kann von Jedermann, der diese Ableitung ohne vernünftigen Zweifel anerkennt, fide divina geglaubt werden.

6. Der Verfasser der „Bemerkungen" sagt endlich (S. 2), die Frage sei diese: „ob eine Entscheidung in Sachen des Glaubens und der Sitten darum allein, weil sie von dem Nachfolger des hl. Petrus erlassen wird, uns nöthige, sie als eine von Gott geoffenbarte Lehre anzunehmen, so daß sie in keinem Falle angezweifelt werden könne, ohne den Gott schuldigen Gehorsam zu verletzen; — oder aber, ob dieselbe (es sind seine Worte) dann erst als „fide certa" zu betrachten sei, wenn die Uebereinstimmung der Kirche gewiß vorliege?" — Er wollte, glaube ich, sagen, die Frage sei: ob die Lehre, welche der Papst als eine Offenbarungswahrheit erkläre, als eine solche mit Gewißheit angesehen und geglaubt werden könne. Denn wir müssen doch auseinander halten die Entscheidung selbst, die der Papst unter göttlichem Beistande gibt, und den Gegenstand oder die damit vorgelegte Lehre, die als Offenbarungswahrheit erklärt wird.

7. Der Cardinalpunkt der Frage ist also der: ob man dem Papste eben deshalb, weil er kraft seiner höchsten Autorität und Machtfülle etwas als geoffenbart entscheidet, eine solche Unterwerfung des Verstandes schuldig sei, daß man dasselbe mit festem Glauben als geoffenbart annimmt; oder aber, ob es dann erst mit festem Glauben anzunehmen sei, wenn die Uebereinstimmung der Kirchen vorliege. Daß diese Bedingung nothwendig sei, müßte unser Verfasser mit allen seinen Meinungsgenossen beweisen. Das ist klar. Dieser Beweis ist um so dringender gefordert, und die Argumente

für die Nothwendigkeit jener Bedingung müssen um so stärker und überzeugender sein, je gewisser eine solche Bedingung weder von Christus ausgesprochen ist, da wo er Petrus zur „unerschütterlichen Veste des Glaubens" macht, und ihm das Amt, seine Brüder zu stärken und die Heerde zu weiden überträgt, noch auch ausgesprochen ist von den Concilien und Glaubensbekenntnissen, wenn sie den Papst Vater und Lehrer aller Christen, und die Römische Kirche Lehrmeisterin aller Kirchen nennen. Nichts ist gewisser, als daß Christus dem Papste, als Petri Nachfolger, die „volle Gewalt" über die ganze Kirche, die höchste Gewalt, alle Gläubigen zu lehren, übertragen hat, ein Vorrecht, das auch die Concilien ihm zuerkennen, ohne daß von einer Zustimmung anderer Kirchen oder Bischöfe, welche erst (durch ihr Hinzukommen) die volle Verbindlichkeit bewirke, auch nur ein Wort erwähnt wird. Darum muß jene nöthige Zustimmung mit unwiderleglichen Argumenten erwiesen werden; man darf sie weder ohne Grund voraussetzen, noch mit Scheinargumenten und schwankenden Behauptungen stützen wollen.

Wenn nun gar die Unfehlbarkeit des Papstes aus der hl. Schrift und den Entscheidungen der Concilien oder überhaupt aus den Glaubensquellen abgeleitet und mit Gewißheit bewiesen werden kann, dann hilft es auch nichts, aus der Geschichte einige Argumente beizubringen, welche gegen die fragliche Unfehlbarkeit zu sprechen scheinen. Man könnte solche Argumente auch gegen Aussprüche allgemeiner Concilien vorbringen, und damit deren unfehlbare Lehrgewalt angreifen. So führt denn auch Bellarmin, der aus der langen Reihe der Päpste 40 nennt, die eines Irrthums angeklagt werden, und die er mit Erfolg vertheidigt,[1]) auch ungefähr 20 Einwürfe an, welche aus der Geschichte gegen die Unfehlbarkeit der Concilien erhoben werden, und widerlegt auch sie.[2]) Wie in Bezug auf die übrigen Offenbarungswahrheiten, so muß auch in vorliegender Frage das Prinzip seine Geltung haben: Was immer einer geoffenbarten Wahrheit widerstreitet, das ist gewiß für falsch zu halten, obgleich ich den Grund, weshalb es in sich falsch sei, nicht einsehe. Dabei ist auch nicht nöthig, daß alle Schwierigkeiten so klar gelöst seien, daß diese Lösung von jedem Gläubigen mit aller Leichtigkeit begriffen werde. Wollte man eine solche Klarheit in andern Hauptstücken unsers Glaubens, z. B. in den Geheimnissen der Trinität und der Eucharistie fordern, so wäre darüber bis heute eine dogmatische Entscheidung unmöglich gewesen.

---

[1]) **De rom.** Pont. l. IV. c. 8—14.
[2]) De Concil. l. II. c. 8.

Uebrigens kann derjenige alle Einwürfe gegen die päpstliche Unfehlbarkeit seit Jahrhunderten gelöst finden, welcher mit ruhigem Verstande die Werke der vorzüglichsten Theologen durchgehen will. Es handelt sich ja nicht um eine neue Lehre; **die Wissenschaft hat sie vielseitig erörtert und die Gläubigen, welche sich den Glaubensdecreten der Päpste unterwarfen, kannten sie.** Wäre doch nur dieser aufrichtige Gehorsam den Gläubigen durch jene nicht erschwert worden, welche mit so viel Mühe und Eifer **die** fragliche Lehre zu bekämpfen suchen!

„Aber, so frägt der Verfasser der „Bemerkungen", ist denn da noch eine Discussion möglich? Es wird behauptet, es sei Lehre der Offenbarung, daß den Nachfolgern des hl. Petrus die Gewalt verliehen sei, in Glaubenssachen für die ganze Kirche bindende Decrete zu erlassen (Hat nicht unser Auctor dasselbe behauptet, da er eine Seite weiter oben den heil. Stuhl „die unerschütterliche Veste des Glaubens" nannte, und einräumte, man sei ihm ohne Controverse bereitwilligen Gehorsam schuldig?): daraus aber ergebe sich die richtige Schlußfolgerung, jene Decrete müßten von jeglichem Irrthum frei sein; somit sei die Ansicht, welche diese Unfehlbarkeit in Abrede stellt, irrig und zwar so irrig, daß sie beinahe häretisch (haeresi proxima) genannt werden dürfe. Das ist aber eine Argumentation, welche das schon als bewiesen voraussetzt, was eben zu beweisen ist. Müßten die Gläubigen es als Offenbarungslehre betrachten, daß die Päpste die Gewalt hätten, Bestimmungen über Glauben und Sitten zu erlassen, denen sie ohne Bedenken als einer Glaubens- und Sittenregel nachzukommen hätten, dann wäre es **offenbar** ausgemacht, daß die Ansicht, die gegen die päpstliche Unfehlbarkeit ist, vom rechten Glauben abweicht. Allein eben das ist die Frage, ob die Päpste von Gott eine solche Vollmacht erhalten haben." — Hier wird Manches zusammengeworfen, was wohl auseinanderzuhalten ist. Etwas Anderes ist es, eine Wahrheit sei geoffenbart, und etwas Anderes, sie sei auch als geoffenbart bekannt; etwas Anderes **ist es, die** Wahrheit sei Vielen oder den Meisten so bekannt, und etwas Anderes, sie sei Allen bekannt und zwar durch die Kirche, welche jene Wahrheit lehrt und Allen zu glauben vorstellt. Wer etwas als Offenbarungswahrheit erklärt, behauptet damit noch nicht, **dieselbe** sei auch den Meisten oder Allen als Glaubenswahrheit bekannt, oder werde von der Kirche Allen zu glauben vorgestellt. Wenn deshalb auch Jemand **etwas** als Offenbarungswahrheit erklärt, so behauptet er damit noch nicht, die **gegnerische Ansicht sei häretisch. Denn** für häretisch wird diejenige Meinung gehalten, die einer Wahrheit, welche geoffenbart **und** von der Kirche als solche zu glauben vorgestellt **ist**, widerspricht; oder, was in gewisser Hinsicht auf dasselbe hinauskömmt, häretisch ist die Meinung, die von dem Glauben der Gesammtheit der Gläubigen abweicht. Wenn aber durch zwar gute, aber doch nicht allgemein anerkannte Argumente erwiesen ist, eine Lehre werde ausdrücklich von der Kirche zu glauben vorgestellt, oder gehöre zum Glauben der Gesammtheit, also zum katholischen Glauben, so sagt man, sie sei „fidei (catholicæ) proxima" und die gegnerische Ansicht heißt dann „hæresi proxima". So begreift man leicht, warum die Theologen, welche die Lehre von der päpstlichen Unfehlbarkeit als geoffenbarte betrachten, dennoch die entgegengesetzte Meinung nicht sofort für häretisch erklären, und dabei keineswegs mit sich in Widerspruch gerathen.

8. Nachdem der Verfasser der „Bemerkungen" die Frage abgegrenzt hat, redet er von der Sorgfalt und dem Eifer, womit die Kirche über die Auslegung des göttlichen Wortes wacht, und fügt dann hinzu: „Nach so vielen und bedeutenden Anstrengungen sind die Geheimnisse des christlichen Glaubens so allseitig erörtert und klar gestellt, daß kaum mehr ein Irrthum auftauchen dürfte, der nicht offenbar von der Kirche schon längst verworfen wäre. Die Irrthümer, mit denen man heutzutage gegen die Kirche, das Christenthum und die Grundlagen eines menschlich sittlichen Lebens ankämpft, beziehen sich auf die Vorfragen des Glaubens (praeambula fidei), und diese können schon durch das innerste Bewußtsein jedes menschlichen Geistes widerlegt werden." (S. 5.) Meint er damit, es gebe in neuerer Zeit keine besondern Irrthümer mehr, welche das Verdammungsurtheil der höchsten Autorität verdienten; oder es könne keine Offenbarungswahrheiten mehr geben, die einer bestimmten Erklärung und Entscheidung bedürften, so können wir ihm in keinem der beiden Punkte beistimmen. Die Geschichte ist da mit ihrem Zeugnisse; ihr zufolge sind seit dem Trienter Concil Irrthümer genug aufgetaucht, die vielfach mit großer Hartnäckigkeit festgehalten wurden, und ihre Verwerfung von dem höchsten Tribunal des apostolischen Stuhles erhalten mußten. Daß es geoffenbarte Wahrheiten geben könne, welche noch einer Erklärung und Entscheidung bedürfen, sagt die Geschichte gleichfalls; sie lehrt, daß Wahrheiten, die auch ohne Entscheidung, doch von der großen Mehrzahl oder von Allen geglaubt wurden, nachher entschieden werden mußten, da man dieselben in Zweifel zog; ja andere, die bereits erklärt und definirt waren, mußten ein zweites Mal erklärt und definirt werden, weil sie entweder von neuen Schwierigkeiten umwölkt, oder in einem fälschlichen Sinne ausgelegt wurden. — Wie man zur Widerlegung der Irrthümer, welche gegen die Kirche, das Christenthum und die Grundlagen eines menschlich sittlichen Lebens aufgestellt werden, nur das

innere Bewußtsein des menschlichen Geistes als Zeuge anzurufen brauche, ist schwer einzusehen. Im Gegentheil, wenn bereits die Grundlagen des Glaubens selber bestritten werden, warum sollte die Kirche nach dem Beispiele früherer Jahrhunderte nicht die Fundamente der Religion und ihre eigenen durch eine noch stärkere Schutzwehr sichern? Warum sollte sie nicht durch eine ganz unzweideutige Erklärung jene Verfassung sicher stellen, die sie von ihrem ersten Gründer erhalten hat, — in unserm Jahrhunderte besonders, wo der große Haufe sein Leben nicht mehr nach den göttlichen Gesetzen, sondern nach der Richtschnur der eigenen Willkühr einzurichten strebt? —

9. Der Verfasser räumt selber ein, die Frage „müsse aus der heiligen Schrift gelöst werden" (S. 6); und er macht darauf aufmerksam, daß es nothwendig sei zu prüfen, in welchem Sinne denn die Kirche von ihren ersten Jahrhunderten an jene Worte des Herrn an Petrus verstanden habe. Hiebei hat er vorzugsweise die historische Seite behandelt; die Sammlung der Väterstellen hat ein Anderer übernommen.

Schade, daß der Verfasser der als Manuscript gedruckten Broschüre sich nicht einen sicherern Führer als Johannes Launoi[1]) erwählt hat, um die Auslegungen der Väter zusammenzustellen. Damit man deutlich sehe, wie getreu der Schüler in die Fußstapfen des Meisters getreten, wollen wir die Worte Beider anführen.

Die Stelle bei Lukas 22. beleuchtet der Verfasser der als Manuscript gedruckten Broschüre in folgenden Sätzen: „Bei den hl. Vätern und Kirchenlehrern finden sich hauptsächlich vier Auslegungen. Die erste und verbreitetste sagt, Christus habe für Petrus gebetet, daß er zur Zeit seines Leidens den Glauben nicht gänzlich und für immer verliere.... daß er von seinem Fall sich wieder erhebe und die Brüder stärke. (Er fügt nachher hinzu, diese Auslegung finde sich bei vierundvierzig Vätern und Lehrern.) Die zweite sagt, er habe gebetet, daß die Römische, von Petrus gegründete Kirche niemals vom Glauben abfalle. Die dritte, daß der Apostolische Stuhl vom Glauben niemals abfalle. Die vierte, daß die Gesammtkirche, welche Petrus in seiner Person darstellt, nicht abfalle." (S. 3.)

Launoi sagt über dieselbe Stelle: „Die erste Classe bilden die Väter und Kirchenschriftsteller, welche lehren, Christus habe gebetet, daß Petrus den wahren Glauben trotz aller Nachstellungen des Teufels niemals verliere, sondern in ihm und in der Gnade Gottes bis an's Ende verharre." Für diese Ansicht führt er (S. 72—85) vierundvierzig „Väter und

---
[1]) Opera omnia, tom. V. p. 2. Coloniae Allobrog. 1731.

Ausleger" an; ihre Reihe schließt Alexander VII. Daß dieser der nämlichen Erklärung huldigte, wird folgendermaßen erwiesen. Alexander VII. (§. 1672) hat die Doctoren der Löwener Universität ermahnt, sie möchten sich **immer an die** „unerschütterlichen und sichersten Lehrsätze" des heil. Augustin und des heil. Thomas halten. Nun aber folgt der heil. Augustin der angeführten Erklärung; also wollte der Papst, daß auch die Löwener ihr folgten; also folgte er ihr auch selbst. Fürwahr, man sieht, Launoi hat nicht geringe Sorgfalt darauf verwendet, in diese Classe eine möglichst große Zahl hineinzubringen. „Die zweite Classe . . . . lehrt, Christus habe gebetet, daß die Römische Kirche, die Petrus gegründet, niemals vom Glauben abweiche." Er führt (S. 82—87) sieben Autoren auf. In dieser Classe erscheint auch der hl. Thomas von Aquin; und doch hat Launoi daraus nicht gefolgert, diese Erklärung werde gleichfalls von Alexander VII. getheilt. „Die dritte Classe . . . lehrt, Christus habe gebetet, daß der Stuhl Petri **oder der** Apostolische Stuhl vom Glauben nie abweiche" (S. 87—89). „Die vierte Classe . . . lehrt, Christus habe gebetet, daß die gesammte Kirche oder auch ein allgemeines Concil nie vom Glauben abweiche" (89—92).

In ähnlicher Weise verfolgt der Auctor der als Manuscript gedruckten Broschüre die Spuren des Launoi, wo es sich um die Erklärung von Matth. „Du **bist** Petrus..." handelt. Die vier Classen, welche dieser aufgeführt hatte (S. 101—115), führt er ebenfalls ganz genau auf. Die erste Classe bei unserm Verfasser behauptet, die Kirche sei auf Petrus erbaut; dasselbe behauptet auch die erste Classe bei Launoi. Die zweite Classe bei Launoi meint, die Kirche sei auf das Collegium der Apostel gegründet; eben dieses meint auch die zweite Classe unseres Verfassers, nur erinnert er, daß das Apostel-Collegium durch Petrus des Primates wegen vertreten werde. Die dritte Classe vertritt bei Beiden die Ansicht, die Kirche sei auf den Glauben gegründet, den Petrus bekannte. Die vierte Classe lehrt bei Beiden, die Kirche sei auf Christus erbaut, den Petrus gläubig bekannte. Nun fügt unser Verfasser allerdings eine fünfte Classe bei, nämlich jener, die behaupten, die Kirche sei auf die Gläubigen selbst gegründet. Diese fünfte Classe hat Launoi vielleicht deßwegen übergangen, weil er einsah, wenn die Kirche, d. h. die Gemeinde der Gläubigen auf alle diese Gläubigen d. **h.** auf die Gemeinde der Gläubigen gegründet würde, so stünde **die** Kirche **auf** der Kirche, der Bau nicht auf dem Fundamente, sondern **auf** sich selbst, und dieses schien ihm vielleicht doch mit den Gesetzen der **Vernunft nicht** ganz vereinbar. In der ersten Classe hatte Launoi siebzehn aufgezählt; siebzehn zählt auch unser Verfasser auf. In der zweiten hatte Launoi acht angeführt; **auch** unser Verfasser führt acht an. In der dritten hatte Launoi vierundvierzig zusammengebracht; vierundvierzig bringt **auch** unser Auctor zusammen. In die vierte Classe hatte Launoi sechzehn gesetzt; sechzehn setzt auch unser Auctor hinein. In die fünfte Classe hatte Launoi keine gesetzt; wie viele dahinein gehören, weiß unser Auctor nicht, er weiß jedoch, daß es eine solche Classe gibt.

Zum Beweise der Gewissenhaftigkeit, womit Launoi die Väter und Doctoren anführt, genügt ein Beispiel. In die Classe Derjenigen, welche den Worten „Ich habe für dich gebetet u. s. f." den Sinn beilegen, Christus habe gebetet, daß Petrus den Glauben nicht verliere, und die folglich jene Worte auf Petrus allein beziehen, hat er auch Maldonat eingereiht. Dieser gibt aber folgenden Commentar: „Es ist kein Zweifel, daß Christus hier auf die spätere Verleugnung des Petrus anspielt, aber, wie ich oben sagte, seine Absicht ging weiter... Was er Petrus gesagt, **das hat** er gewiß auch seinen Nachfolgern und der ganzen Kirche gesagt, und wir dürfen eben so gewiß sein, daß der Glaube der Nachfolger Petri und der ganzen Kirche nicht wanken werde, als wir gewiß sind, daß sein Glaube in der Versuchung siegreich bestanden habe. Mit Recht schließen daher alte und gewichtige Auctoren aus dieser Stelle, der Glaube der Römischen Kirche und in derselben der Nachfolger Petri werde unerschütterlich derselbe bleiben. In Petrus nämlich, welcher zum Oberhaupte der Kirche bestimmt war, wurde der ganzen Kirche der Glaube zugesichert... Daher gibt der Herr in der Person des Petrus allen Nachfolgern Petri den Auftrag, die Brüder im Glauben zu bestärken. Wie sollen sie dieselben stärken, wenn sie selber irren können?..." Mit welchem Rechte also beruft Launoi sich auf Maldonat, um zu zeigen, jene Stelle habe für die Unfehlbarkeit des Papstes keine Beweiskraft? — Freilich hatte Maldonat zu den Worten: „Tu aliquando conversus" bemerkt: „Das halte ich für einen Hebraismus, wodurch das „hinwiederum" ausgedrückt wird", und sodann hinzugefügt: „Indeß mißfällt mir auch die Erklärung des Ambrosius, Theophylaktus und Euthymius nicht, welche das „conversus" auf die Bekehrung des Petrus von seiner Verleugnung beziehen, als hätte er durch seine Wunde Andern ein Heilmittel geboten." Daraus folgert Launoi (S. 84): „So scheint Maldonat jene Meinung (jene Worte seien auch von den Nachfolgern Petri zu verstehen) zurückzunehmen, oder wenigstens als die weniger begründete zu erklären." Herrlich demonstrirt — als ob der Schwerpunkt der Stelle in dem Worte „conversus" liege!

Hätte doch der Verfasser der als Manuscript gedruckten Broschüre uns gleich gesagt, Launoi sei sein Gewährsmann, es wäre dann von vornherein Jedermann klar gewesen, welches Vertrauen die angeführten Zeugniße verdienen! —

Der Verfasser der Broschüre möge uns nur zwei Fragen erlauben:

1) Glaubt er wirklich, der Sinn einer Stelle werde zweifelhaft, wenn dieselbe mehrere Auslegungen zuläßt, von denen die eine mit der andern zusammenhängt, oder aus der andern folgt? Das wird er gewiß nicht bebehaupten wollen. So verstehe man denn jene Worte Ego rogabo pro te zunächst von Petrus, aber von Petrus als dem Apostelfürsten; dann werden sie richtig nicht blos von der Römischen, sondern auch von der Gesammtkirche verstanden, weil dasjenige, was von Petrus als dem Oberhaupte gilt, auch von seinen Nachfolgern gelten muß; somit besagen jene Worte auch, die Römische Kirche und die gesammte Kirche soll durch Petrus und seine Nachfolger im Glauben gestärkt werden.

2) Glaubt er wirklich, die Erklärungen jener Stelle: Du bist Petrus u. s. w. weichen so sehr von einander ab, daß man für den Primat Petri kein stichhaltiges Argument daraus mehr entnehmen könne? Sagt er ja, so ist mit ihm nicht weiter zu disputiren, denn hierüber waltet unter Katholiken keine Frage ob. Sagt er nein, so stellen auch wir in Abrede, daß das Argument, welches darin für die Unfehlbarkeit liegt, entkräftet werde.

Um dann die verschiedenen Erklärungen in Einklang zu bringen, schreibt er (S. 4): „Der Glaube ist insofern das Fundament der Kirche, als er von den Aposteln verkündet und erklärt wird, an deren Spitze als Haupt und Stimmführer Petrus stand, auf welchen besonders, als auf das erste Fundament die Kirche gegründet ist, des Petrus, welcher kraft des Primatialvorranges in sich die ganze Kirche darstellte... Er ist das hauptsächliche Fundament der Kirche; welches die übrigen Apostel als die secundären Fundamente in sich zur Darstellung bringt: und deshalb wird die Kirche erbaut .... auf Petrus selbst, das Haupt und den Stimmführer, und auf die übrigen Apostel, die mit dem Haupte selbst als Glieder verbunden sind, oder auf den Petrus selbst, der als Haupt das ganze Apostelcolleg darstellt, oder auf das Apostelcolleg, das sich in Petrus als in seinem Haupte concentrirt." Mit diesen Worten erkennt der Verfasser als Katholik zwar den Primat und sein Wesen an; aber hat **er** damit **nicht** auch unwillkürlich jene Lehre angenommen, die er widerlegen wollte? Wenn Petrus „in sich die ganze Kirche darstellte"; wenn er allein „die übrigen Apostel in sich darstellt"; wenn Petrus allein „das ganze Apostelcolleg darstellt"; wenn in Petrus „als in seinem Haupte sich das Apostelcolleg concentrirt"; erscheint es dann nicht als nothwendige Folge, daß das ganze Apostelcolleg und die ganze apostolische Machtfülle in Petrus sich finde, daß Petrus somit für sich allein könne, was er mit dem Apostelcolleg zugleich vermag? — Fürwahr, wenn „ein ökumenisches Concil die ganze Kirche darstellt", und schon deshalb in Glaubensdecreten nicht irren kann; warum sollte dies nicht von Petrus gelten (und von jedem seiner Nachfolger), der nach dem Zugeständnisse des Verfassers „die ganze Kirche in sich darstellte"? Mit welchem Rechte also bekämpft der Verfasser an andern Orten so eifrig, was er einschließlich hier zugesteht? Natürlich, es ist schwer, den Begriff des Primats aufrecht zu erhalten, ohne die päpstliche Unfehlbarkeit zuzugeben; und eben so schwer ist es, die Unfehlbarkeit zu leugnen, ohne den Primat abzuschwächen. Was muß man aber denken von einer Lehre, deren Vertheidiger nicht consequent sind und nicht consequent sein können? —

Dem Verfasser der als Manuscript gedruckten Broschüre widerfährt kein geringes Unglück, wenn er aus den Zeugnissen der hl. Schrift argumentirt. Er führt die Stellen an (S. 2): „Siehe, ich bin bei euch . . . der hl. Geist wird euch Alles eingeben" u. s. f., und folgert: „Somit ist bewiesen, daß Alles, was dem Petrus, auch den Aposteln zugeschrieben wird." Meint er damit die übrigen Apostel, die Apostel außer Petrus, so läßt sich gewiß nicht sagen, daß Alles, was dem Petrus, auch den übrigen Aposteln verliehen werde. Dem Petrus ist doch ohne Zweifel verliehen, das Oberhaupt der ganzen Kirche zu sein; ist etwa dasselbe auch den übrigen Aposteln verliehen? Die vorausgehende Behauptung wird auch nicht ganz berichtigt, wenn der Verfasser beifügt: „Indeß besteht zwischen Petrus und den übrigen Aposteln der große Unterschied, daß dieselben Vollmachten, welche den Aposteln zusammen ertheilt werden, dem Petrus vor allen übrigen, dem Petrus allein auf feierlichere und großartigere Weise ertheilt worden." Ich frage wiederum: ist es auch den übrigen Aposteln und ihren Nachfolgern verliehen, daß sie den Primat über die gesammte Kirche haben, dem Petrus aber allein auf feierlichere und großartigere Weise? —

Hätte der Verfasser gesagt: was immer dem Petrus allein ertheilt wird, das wird auch dem Petrus mit den andern Aposteln zusammen ertheilt; oder: was immer den Aposteln in Verbindung mit Petrus, oder dem Petrus und den übrigen Aposteln zugleich ertheilt wird, dasselbe wird auch dem Petrus allein ertheilt; so hätte er dem nicht widersprochen, was er anderswo, wie wir gesehen, aufgestellt hat, und er wäre den katholischen Theologen gefolgt, welche bei **ihrer** Vertheidigung des Primats Petri gegen die Protestanten auf **diese Weise zeigen**, derselbe leide dadurch, **daß** es noch andere Hirten gebe, keine Beschränkung. Denn was immer den Uebrigen gesagt wird, das wird ihnen gesagt in ihrer Unterordnung unter Petrus. Aber diese Darstellungsweise hätte unserm Autor weniger gepaßt. Wenn nämlich alle Vollmacht dem gesammten Apostelcollegium nur in seiner Unterordnung **unter Petrus** ertheilt ist, folgt dann daraus nicht sofort, daß auch Petrus allein eine unfehlbare Glaubensentscheidung erlassen könne, da das ganze **Collegium** unter Petrus und mit ihm verbunden eine solche erlassen kann? —

II.

Die Hut der Einheit des Glaubens zur Zeit der Martyrer.

1. Die Uebereinstimmung der verschiedenen Kirchen im Dogma ist zweifelsohne ein Kriterium der Wahrheit. — 2 Dasselbe ist indeß nicht das einzige und nicht immer anwendbar genug. — 3. Die Entscheidungsgewalt der Bischöfe wird durch die gegnerische Theorie zu sehr eingeschränkt. — 4. Ein ganz vorzügliches Kriterium der Wahrheit, das in jener Zeit anerkannt und angewandt wurde, hat der Verfasser kaum erwähnt.

1. Was der Verfasser der „Bemerkungen" in diesem Abschnitte hauptsächlich zu beweisen sucht, scheint **er in** folgenden Worten zusammenfassen zu wollen: „Die Uebereinstimmung der **Kirchen**, auch der entferntesten, in der Lehre war für die Gläubigen jener Zeit, welche unmittelbar auf die apostolische folgte, eine sichere Bürgschaft, daß sie **die** von den Aposteln überlieferte Wahrheit unversehrt besäßen; deßhalb suchten sie der allgemein verbreiteten Einheit der Kirche Ausdruck zu verleihen, indem sie ihr den Namen katholisch (allgemein) beilegten." (S. 7.) Wenn er damit nichts Anderes sagen wollte, als daß die Uebereinstimmung aller Kirchen ein Beweis für die Wahrheit sei, so sagte er nur, was Alle ohne Ausnahme zugeben. Die Kirche ist nämlich eine „Säule und Grundveste der Wahrheit"; und niemals kann die ganze Kirche von der Wahrheit abweichen; sobald es also einmal feststeht, daß **die** gesammte Kirche in Betreff irgend einer Lehre übereinstimme, ist man auch gewiß, daß diese Lehre wahr sei.

2. Daraus aber, daß die Uebereinstimmung der Kirchen ein sicherer Beweis **ist** für die Wahrheit und Apostolicität einer Lehre, folgt durchaus nicht, daß diese Uebereinstimmung das einzige, noch auch, (obgleich sie an und für sich immer **ein** unumstößliches Argument bietet) für jede Zeit und

unter allen Umständen das geeignete Mittel sei, die Wahrheit zu finden. Wir glauben zwar nicht, daß der Verfasser jene Uebereinstimmung als einziges Mittel habe aufstellen wollen, glauben aber dieses ausdrücklich erklären zu sollen, damit alle Zweideutigkeit, die man in dieser Frage finden könnte, vermieden werde.

Und wirklich, daß die erwähnte Uebereinstimmung nicht das einzige Mittel sei, die Wahrheit zu finden, geht schon daraus hervor, daß nicht bloß dem ganzen Körper der Kirche, der gleichsam aus verschiedenen Gliedern zusammengesetzt ist, die Beständigkeit im wahren Glauben zukommt, sondern auch den Bischöfen mit dem Römischen Papste, d. h den vorzüglichern Gliedern in Verbindung mit ihrem Haupte. Denn daß er bis zum Ende der Welt bei diesen sein werde, hat Christus verheißen als er im Begriffe stand, die Welt zu verlassen. Daher lehren die Theologen, daß die Bischöfe, obgleich sie in der ganzen Welt zerstreut sind, wenn sie mit dem Römischen Papste in irgend einer Lehre übereinstimmen, ein unfehlbares Lehramt ausüben. Daraus erhellt, daß die Gläubigen, wenn sie nur wissen, was ihre mit dem Römischen Papste verbundenen Bischöfe lehren, nicht bloß eine moralische, sondern eine absolute, auf einen göttlichen Ausspruch sich stützende Gewißheit von der Wahrheit jener Lehre haben.

Daß die Uebereinstimmung der Kirchen nicht ein immer geeignetes Mittel sei, die Wahrheit zu finden, ersieht man leicht einerseits daraus, daß es oft schwer zu erkennen ist, was alle über die ganze Welt zerstreuten Kirchen glauben, andererseits daraus, daß es sich um dunkele und verwickelte Fragen handeln kann, die den meisten Gläubigen, ja sogar Bischöfen weniger einleuchtend sind.

3. Es kann also, wie der Verfasser sagt, wohl zutreffen, daß die Bischöfe sich zu einem Concil vereinigen und bestimmen müssen, was zu glauben sei. Da er jedoch die ganze Aufgabe der zu einem Concil versammelten Bischöfe darauf, daß sie Zeugniß ablegen, ihr Richteramt aber darauf beschränkt, das sie das, was der Wahrheit widerstrebt, als Irrthum erklären,[1]) so scheint er das Richteramt allzusehr einzuschränken und die Bischöfe fast mit den übrigen Gläubigen auf gleiche Linie zu stellen.

Und wirklich, um über irgend eine Thatsache lediglich ein Zeugniß abzulegen, dazu bedarf es keines besondern Ansehens und keiner Gewalt; die bloße Kenntniß der Sache genügt. Wir wissen aber, daß den Bischö-

---

[1]) „Indem nämlich die Wahrheit bezeugt, folglich ihr Gegentheil als Irrthum bloßgelegt und dadurch verworfen wird, ist das Zeugniß Richterspruch geworden (judices fidei)." S. 9.

sen eine Gewalt übergeben worden, der die Gläubigen sich unterwerfen müssen, da ihnen das Amt, die Heerde zu weiden, also zu lehren, übertragen ist. Wer aber kraft einer übertragenen Gewalt lehrt, der übt ein Richteramt aus, indem er entscheidet was wahr und was falsch sei. Uebrigens gibt es Niemanden, der nicht wüßte, daß die in den Concilien versammelten Bischöfe überzeugt waren, daß sie, wenn sie Glaubensdecrete **definirend** (definientes) unterschrieben, wirklich ein Urtheil sprachen über Wahrheit und Irrthum. Nicht selten wurden auch solche Fragen vorgelegt, die nicht durch ein einfaches Zeugniß entschieden werden konnten: dieses pflegt besonders dann zu geschehen, wenn es sich um Gegenstände handelt, die weder in der heil. Schrift, noch in der Tradition klar enthalten sind. Daher lehrt auch das Concil von Trient[1]) und mit ihm das Vaticanische Concil,[2]) daß es der Kirche zustehe „über den wahren Sinn und die Auslegung der heiligen Schriften zu entscheiden". Die Bischöfe sind also nicht bloß insofern Richter in Glaubenssachen, als sie einen Irrthum verwerfen, welcher der Wahrheit, die sie mit ihrem Zeugnisse bestätigten, widerspricht, sondern auch deßhalb, weil sie kraft der ihnen übertragenen Gewalt den Gläubigen erklären, welches **der** Sinn der heiligen Schrift und der Tradition sei.

4. Der Verfasser hat, indem er „von der Hut der Einheit des Glaubens zur Zeit der Martyrer" handelte, die Art und Weise, wie der Glaube bewahrt wurde, nicht vollständig angegeben. Er hat gerade diejenige verschwiegen, die in der Frage, zu deren Lösung er beitragen wollte, von der größten Wichtigkeit ist. Er schreibt zwar (S. 10): „ein besonderes Gewicht legte man auf das Zeugniß der von den Aposteln gegründeten Kirchen, vor allen **aber der** Römischen Kirche, der die glorreichen Apostelfürsten Petrus und Paulus die ganze Lehre mit ihrem Blute übergaben, und die nach der übereinstimmenden Ansicht aller Katholiken den Vorrang vor allen übrigen hat;" er unterläßt es aber, jene berühmte Stelle anzuführen, in welcher der hl. Irenäus, indem er von den verschiedenen Wegen handelt, auf denen man die Apostolische Lehre finden kann, auf die Römische Kirche hinweist und beifügt: „Mit dieser Kirche muß wegen ihres größern Vor**ranges jede** Kirche, d. h. alle Gläubigen übereinstimmen; denn in ihr wurde von Allen die apostolische Ueberlieferung bewahrt." Auch gibt der Verfasser nicht den vollständigen Sinn dieser Stelle, wenn **er** schreibt: „Schon der heil. Irenäus[3]) war überzeugt, daß in derjenigen Kirche, welche von den **beiden** glorreichen Apostelfürsten gegründet **und allen** übrigen vorgesetzt worden,

---

[1]) 4. Sitzung.   [2]) Constit. de fide cathol. cap. 2.   [3]) Adv. Haereses, lib. 3. cap. 3.

die apostolische Tradition unversehrt bewahrt werde. Die Zuversicht der Römer, daß sie denselben **Glauben** hätten, welchen **Petrus** und **Paulus** gepredigt hatten, wurde noch dadurch erhöht, daß zwischen ihrer Zeit und der Predigt der **Apostel** nur wenige Generationen lagen; ohne Zweifel gab es zu Rom Christen, deren Großväter die Apostel noch gesehen und ihren Enkeln von ihnen erzählt hatten." (S. 80.) Der heil. Irenäus findet in dem Vorrange der Römischen Kirche ("propter potiorem principalitatem") den Grund, warum Alle im Glauben mit der Römischen Kirche übereinstimmen müssen. Ich übergehe den Umstand, daß der Verfasser auch das nicht erwähnt hat, was gerade geeignet gewesen wäre, die Streitfrage in ein helles Licht zu setzen, besonders das Beispiel der Gemeinde von Corinth, die sich an den hl. Clemens, den Bischof von Rom, der doch weit von ihnen entfernt war, gewendet hatte, daß er ihre Streitigkeiten schlichten möge. Er that dieses auch wirklich nach dem Zeugnisse des hl. Irenäus,[1]) indem er durch nachdrückliche Briefe ihren Glauben berichtigte.

III.
Die allgemeinen Concilien und der hl. Stuhl.

1. Es bleibt zweifelhaft, was für eine Gewißheit der Verfasser dem kirchlichen Lehramte beilegt, eine menschliche oder eine göttliche. — 2. Indem er das Zeugniß erhebt und das Urtheil herabsetzt, hat er Mühe den Grund anzugeben, weshalb die Bestätigung von Seite des Papstes gefordert werde. — 3. Falschheit der Behauptung, Glaubensdecrete könnten nur mit einhelliger oder fast einhelliger Uebereinstimmung der Väter erlassen werden. — 4. Während der Autor des „Manuscripts" die einstimmige Erklärung vertheidigt, stürzt er sein ganzes eigenes System um. — 5. Hören die Bischöfe auf, Richter zu sein, wenn der Papst unfehlbarer Richter ist? Noch andere Urtheile über dieselbe Sache. — 6. In einigen Decreten des Concils von Constanz und Basel besteht man nicht auf der vollkommenen Einstimmigkeit der Bischöfe, noch auch auf dem Zusammenwirken des Papstes und der Bischöfe. — 7. Ob die Väter des Concils von Constanz einen unglaublichen Satz aufgestellt haben.

1. Es wäre gewiß zu wünschen gewesen, daß der Verfasser deutlicher ausgesprochen hätte, welche Gewißheit nach seiner Ansicht die Lehre der Kirche und ihre Entscheidung in Glaubenssachen im Geiste der Gläubigen hervorbringe, ob eine bloß moralische und menschliche, oder eine absolute und göttliche. Er sagt (S. 12): „Niemanden kann es entgehen, daß der kürzeste (?) Weg zu der Allen erwünschten Gewißheit dann gefunden sei,

---

[1]) Adv. Haereses, lib. 3. cap. 3.

wenn eine so große Anzahl von Bischöfen versammelt ist, daß aus ihrem Zeugnisse die Uebereinstimmung der ganzen Kirche offenkundig werde." Welches ist aber diese Allen erwünschte Gewißheit? Wenn man von der von Gott selbst verheißenen Gewißheit redete, so würde jede Dunkelheit schwinden. Dieselbe wird nicht gehoben, wenn der Verfasser, nachdem er von dem ersten Concil von Nicäa gehandelt, so schließt: „Also wurde durch eine einzige Synode die Uebereinstimmung der Kirche in Betreff einer angegriffenen Lehre auf das Vollständigste dargethan, was auf die Gemüther der Gläubigen den günstigsten Eindruck machte." (S. 13.) Auch räumt er nicht jeden Grund zu Zweifeln weg, wenn er in Betreff der Synoden schreibt: „Sie wurden als unfehlbare Zeugen der geoffenbarten und in der Kirche niedergelegten Wahrheiten, und als die höchste Gewalt, welche in Religionssachen zu entscheiden hat, mit vollkommener Einstimmigkeit anerkannt" (S. 13); denn es wird damit nicht gesagt, ob diese Unfehlbarkeit eine göttliche, durch den Beistand des heil. Geistes bewirkte, oder eine bloß menschliche sei, die man zuweilen dem genügend verbürgten menschlichen Zeugnisse beilegen kann.

2. Da der Verfasser hauptsächlich darauf hinarbeitet, daß aus der durch Zeugnisse nachgewiesenen Uebereinstimmung aller Kirchen die Gewißheit herzuleiten sei, so stößt er auf eine nicht geringe Schwierigkeit, wenn er den Grund angeben soll, weßhalb kein Concil ohne Bestätigung des Römischen Papstes volle Geltung habe. „Wie der Leib eines Hauptes bedarf, sagt er, so bedarf ein allgemeines Concil des Papstes; wie groß auch die Anzahl der versammelten Bischöfe sein mag, so können sie dennoch weder über die Hinterlage des Glaubens ein Zeugniß abgeben, welches jeden Zweifel ausschlösse, noch können sie Gesetze geben, welche die ganze Kirche binden, wenn nicht ihre Beschlüsse entweder im Concil selbst oder nachher von dem Nachfolger des heil. Petrus genehmigt und bestätigt worden sind." (S. 13. 14.) Wenn Alles von dem Zeugnisse abhängt, warum hat dann das Zeugniß des Römischen Papstes allein ein so großes Gewicht, daß, wenn es allein fehlt, von einer Bezeugung der katholischen Lehre keine Rede sein kann, obgleich doch nach dem Zeugnisse der Geschichte ein allgemeines Concil auch dann, wenn das Zeugniß der Bischöfe nicht bloß einer, sondern mehrerer Provinzen abgeht, volle Gesetzeskraft erhalten kann? Natürlich, denn Erklärungen, Bestimmungen und Beschlüsse in Sachen des Glaubens kommen, wie die Worte schon zeigen, nicht bloß dadurch in der Kirche zu Stande, daß Zeugniß abgelegt, sondern auch dadurch, daß ein Urtheil gefällt **wird**, und zwar ein Urtheil, welchem, **weil** es von einer göttlich eingesetzten Gewalt gefällt wird, die ganze Kirche, die nicht in Irrthum geführt werden kann, sich

unterwerfen muß. Die Kirche hat nämlich nicht bloß eine Regierungs- oder gesetzgebende, sondern auch eine Lehrgewalt; diese Lehrgewalt wird aber von Denjenigen nicht vollkommen anerkannt, welche die ganze Sache auf die Ablegung eines Zeugnisses beschränken wollen. Wird vielleicht die Lehrgewalt, welche sich auf eine von Gott verliehene Vollmacht stützt, deßhalb so niedrig angeschlagen, weil es allzu offenkundig ist, daß die volle Lehrgewalt sich bei Demjenigen befinde, welcher die volle Regierungsgewalt oder die gesetzgebende Gewalt über die ganze Kirche hat?

3. „Daß ein allgemeines Concil kein Parlament sei," sucht der Verfasser auch durch den Satz zu beweisen, „weil, um in Glaubenssachen ein entscheidendes Urtheil zu fällen, erforderlich ist, daß die Uebereinstimmung aller Kirchen offenkundig werde; die aber könne nur dann zu Tage treten, wenn die Einstimmigkeit der Väter vollständig oder beinahe vollständig sei." (S. 14.) Indem der Verfasser diese zur Vertheidigung der berüchtigten „Erklärung des gallicanischen Clerus" erfundene Theorie zu der seinigen machte, unterließ er zu sagen, ob, wenn irgend ein Irrthum auftaucht und durch endgültigen Spruch verurtheilt werden soll, dazu auch die Stimmen jener Bischöfe, die diesem Irrthume anhangen, erforderlich seien, so daß also diese sich selbst in den Bann thun müßten. Ebenso hat er unterlassen zu erklären, wie es komme, daß, wenn die Uebereinstimmung aller Kirchen und die vollständige oder fast vollständige Einstimmigkeit der Väter erforderlich sein sollte, die Glaubensdecrete eines allgemeinen Concils, wenn es rechtmäßig berufen und vom Römischen Papste bestätigt ist, sobald sie verkündigt sind, Alle verpflichten, wenn auch nur die Hälfte, oder der dritte Theil aller Bischöfe, oder auch eine noch geringere Anzahl zugegen war, und zwar auch ohne die Zustimmung der andern Kirchen oder der übrigen Bischöfe abzuwarten. Auch hat er nicht erklärt, mit welchem Rechte, falls der von ihm aufgestellte Satz richtig wäre, sowohl in den ersten Concilien, als auch noch selbst auf dem Concil von Trient, Glaubensdecrete erlassen wurden, obgleich weder alle, noch beinahe alle anwesenden Bischöfe einverstanden waren. Als etwa 200 Bischöfe zu Ephesus in feierlicher Versammlung den Nestorius verurtheilten, so war der Patriarch von Antiochia Johannes darüber ungehalten, daß die Synode nicht seine und seiner Bischöfe Ankunft abwartete, sondern den Nestorius, dem er günstig war, ohne ihn verurtheilten. Er trennte sich deßhalb mit 30 Bischöfen und bildete ein sog. Conciliabulum. Den Vätern des Concils von Ephesus schien indessen das Urtheil dieser Bischöfe durchaus nicht erfordert, um ihrem Urtheile über Nestorius und seinen Irrthum volle Geltung und Rechtskraft zu verleihen. Im Gegentheile, sie fordern

Johannes auf, sich der Synode zu unterwerfen, und da er widerstrebte, belegen sie ihn und seine Anhänger mit dem Banne.)

Im Concil von Trient widersetzten sich etwa 30 Väter, eine nicht so unbedeutende Zahl, da im Ganzen nur bei 200 versammelt waren, dem zweiten Canon der 22. Sitzung, wo von der Einsetzung des Priesterthums gehandelt wurde. Der Legat forderte sie zwar auf, daß sie wenigstens in der öffentlichen Sitzung den übrigen beipflichteten, „und sich alle jener Meinung zuwendeten, welche der hl. Geist, der da ist der Geist der Wahrheit, wie sie sähen, durch seine Eingebung (aura) bestätige, um dem Volke keinen Schatten von Spaltung zu zeigen." Nichtsdestoweniger wurde diese Einstimmung auch in der öffentlichen Sitzung nicht erzielt, aber auch nicht für unerläßlich erachtet, um das Dekret zu verlassen.[2]) Uebrigens werden wir auf diesen Punkt noch zurückkommen, wenn jener Satz gerade mit den Worten desjenigen Kirchenvaters zu widerlegen ist, auf dessen Ausspruch man sich hauptsächlich beruft.

4. Der Verfasser der als Manuscript gedruckten Broschüre wirft, während er eine einstimmige Entscheidung verlangt, selbst sein ganzes System über den Haufen. Nachdem er über das, was auf dem Apostelconcil zu Jerusalem vorgefallen, gehandelt, fügt er hinzu: „damit alle künftigen Generationen sicher wissen, nach welcher Richtschnur ein Concil abgehalten werden solle, und daß nur der vollständigen Uebereinstimmung der Bischöfe der hl. Geist verheißen sei und beistehe, welcher die Kirche Christi in alle Wahrheit einführt." (S. 22.) Glaubt der Verfasser wirklich, daß, wenn der Eine oder der Andere aus den Aeltesten anderer Ansicht gewesen wäre als der heil. Petrus oder die Apostel, dann die Gabe der Unfehlbarkeit jenem Beschlusse nicht eigen gewesen sein würde? Doch geben wir einmal zu, was der Verfasser behauptet; was folgt dann? Das, was er gewiß nicht will. Jenes erste Concil soll die Norm für alle folgenden sein! Wie, in aller Welt, ist jene Einstimmigkeit zu Stande gekommen? „Als aber viele gemeinschaftliche Untersuchungen gepflogen waren, erhob sich Petrus und sprach: Männer, Brüder! ihr wisset, daß Gott vor langer Zeit (mich) unter uns erwählt hat, damit die Heiden durch meinen Mund das Wort des Evangeliums hören und glauben sollen . . . . Nun denn, warum versuchet ihr Gott, daß ihr ein Joch auf den Nacken der Jünger leget u. s. w. Da schwieg die ganze Menge . . . . (Da erhob sich Jacobus, billigte die Ansicht

---

[1]) Mansi, tom. IV. pag. 572 sqq.
[2]) Pallavic. Istoria del Conc. di Trento. part. II. l. XVIII. c. 8. 9.

des Petrus und bewies sie aus Stellen **der hl. Schrift.**) Da gefiel es **den** Aposteln und den Aeltesten sammt der ganzen Versammlung, daß man Männer aus ihnen wähle u. s. w." (Apostelg. 15.) Da sehen wir, wie jene Einstimmigkeit erzielt wurde. Petrus beruft sich auf seinen ganz besondern Beruf, und sagt, was zu thun sei; die Uebrigen stimmen bei. Wenn das „die Norm für ein abzuhaltendes Concil" ist, so möge man immerhin vollkommene Einstimmigkeit verlangen; aber man erziele sie dann auch auf dieselbe Weise, wie es im ersten Concil geschah. Denn als anfangs „viele gemeinschaftliche Untersuchungen gepflogen waren", so „schwieg doch die ganze Menge", sobald Petrus gesprochen und gestützt auf sein Ansehen erklärt hatte, was zu thun sei; und die übrigen Apostel bekräftigten den Ausspruch des Petrus. Es ist sonderbar, daß der Verfasser nicht gesehen hat, wie sehr gerade dasjenige, was er für seine Ansicht anführt, gegen ihn spricht.

Er glaubt jedoch, man könne aus Aussprüchen der Concilien und der Päpste beweisen, daß zu den Beschlüssen der Concilien Einstimmigkeit erfordert werde. Zu diesem Zwecke führt er jene Worte an, womit der Kaiser Justinianus auf Verlangen der Väter, nämlich der orientalischen, den Papst Vigilius eingeladen: „Für Priester geziemt es sich, daß sie Fragen, welche die ganze Gemeinschaft betreffen, gemeinschaftlich erledigen"; sodann jene Worte, welche der hl. Cölestinus in einem Briefe an die Synode von Ephesus richtete: „Es lehrte Derjenige, welcher sagte, daß man ihn höre, wenn man seine Apostel hört. (Luk. 10.) Diesen Auftrag, die Wahrheit zu verkünden, haben alle Priester des Herrn insgesammt überkommen." Aus diesem Briefe des hl. Cölestinus, sagt der Verfasser, geht hervor, daß das oberste Urtheil, welches der heil. Geist eingibt, von Christus dem Herrn in die vollkommene Uebereinstimmung der Bischöfe mit ihrem Haupte gelegt ist." (S. 22—23.)

Aber wer sieht nicht ein, daß der Verfasser hier irre? Die „gemeinschaftlich herbeizuführende Beendigung", und „die Sorge, welche alle Priester insgesammt überkommen haben", ist doch keine „vollkommene Uebereinstimmung!" Mit welchem Rechte konnte er für communis (gemeinschaftlich) setzen unanimis (einstimmig) und für das Wort finis (Beendigung), oder für cura (Auftrag) das Wort consensio (Uebereinstimmung)? Und da nach dem Ausspruche des hl. Cölestinus allen Priestern insgesammt die Sorge zu lehren übertragen ist, folgt etwa daraus, daß, wenn wenige oder viele das ihnen übertragene Amt gar nicht, oder schlecht verwalten, Dasjenige, was die Uebrigen lehren, **keine Geltung habe**? Das ist so klar, **daß es sich nicht** lohnt, länger dabei stehen zu bleiben.

5. Aber derselbe Verfasser der als Manuscript gedruckten Broschüre hat es auch übernommen zu beweisen, daß ein allgemeines Concil dasjenige, was der Römische Stuhl schon einmal als oberster Lehrer entschieden hat, noch einmal untersuchen und entscheiden könne. Daraus folgert er dann, daß die Zustimmung der Bischöfe nothwendig sei, damit ein Urtheil über Fragen des Glaubens wahrhaft endgültig sei. (S. 28.) Ohne Zweifel sind die Bischöfe Richter in Glaubenssachen; und auch dann sind sie Richter, wenn sie eine Wahrheit, welche von einem andern Concil schon entschieden worden, noch einmal entscheiden. Richter in Sachen des Glaubens ist nämlich derjenige, welcher kraft der erhaltenen Gewalt erklärt, was wahr und was falsch ist. Zum Wesen eines solchen Urtheils gehört es durchaus nicht, daß derjenige, der seine Meinung ausspricht, nach Belieben das als falsch erklären könne, was er als wahr erkennt. Gewiß hören die Bischöfe nicht auf, Richter in Glaubenssachen zu sein, wenn sie ihre Ansicht über eine Wahrheit aussprechen, von der sie klar erkennen, daß sie in der heiligen Schrift enthalten sei. Wenn sie ihre Zustimmung zu der in der heiligen Schrift geoffenbarten Wahrheit aussprechen, so fällen sie schon ein Urtheil. Warum sollte also die Zustimmung zu dem vom Papste schon ausgesprochenen Urtheile nicht auch ein Urtheil sein? Daher ist einleuchtend, daß daraus, daß ein Concil eine vom apostolischen Stuhle bereits ausgesprochene Wahrheit noch einmal ausspricht, so wenig folge, daß das Concil von der Endgültigkeit des apostolischen Ausspruches nicht überzeugt gewesen, als daraus, daß ein Concil eine von einem andern Concil ausgesprochene Wahrheit noch einmal ausspricht, folgt, daß das Urtheil des vorigen Concils nicht endgültig gewesen sei. Auch kann man daraus, daß ein schon früher gefällter Ausspruch mit neuen Gründen gestützt wird, nicht schließen, daß er früher nicht als endgültig angesehen worden sei. Hat etwa der hl. Jacobus den Ausspruch des heil. Petrus nicht eher für endgültig gehalten, als bis er aus der hl. Schrift Zeugnisse für denselben angeführt hatte?

Aber wie, wenn selbst die Provincialsynoden von den Päpsten aufgefordert worden sind, die Dekrete der ökumenischen Concilien gutzuheißen, und dieselben durch ihr Urtheil bestätigt haben! Dafür bietet die XIV. Synode von Toledo ein schlagendes Beispiel. Dieselbe wurde nach dem VI. allgemeinen Concil i. J. 684 abgehalten, wie aus den Werken der Väter hervorgeht: „In seinem (Leo II.) huldvollen Schreiben werden alle Bischöfe Spaniens eingeladen, besagte Synodal-Beschlüsse, die er sandte, auch mit dem Gewichte unseres Ansehens zu unterstützen, und sie allen, die im Königreiche Spanien lebten, persönlich bekannt zu geben... In Folge dessen haben wir, die

Bischöfe der Provinz Carthago alle, **zuerst in einmüthigem Urtheile** besagte Akten mit denen der alten Concilien verglichen ... sodann bestätigten wir dieselben auf Dauer, da wir sie in Allem mit jenen Synodal=Dekreten in Uebereinstimmung fanden." [1]) Die Väter **sahen** eben sehr gut ein, **daß sie**, da sie die Richtergewalt in Glaubenssachen besäßen, durch die Annahme der Dekrete des ökumenischen Concils einen richterlichen Urtheilsspruch thun, wiewohl sie als wahrhaftig, die Wahrheit nicht verlassen können. Man würde hier ohne Grund einwenden: „Wer das Recht hat beizustimmen und zu billigen, der hat auch das Recht nicht beizustimmen und zu mißbilligen. Denn als Richter besitzt er eine ausgedehntere Gewalt, denn als gerechter Richter. Als gerechter Richter muß er sich an das halten, was er dem Gesetze entsprechend erkennt; während er als Richter einfachhin beiden Theilen zustimmen kann.

6. Unser Verfasser, welcher die Nothwendigkeit einer vollkommen einstimmigen Entscheidung nicht genug betonen zu können scheint, läßt sich zuletzt so weit hinreißen, daß er diesen Satz aufstellt: „denn die Verheißungen Christi werden **nicht** erfüllt, wenn nicht **die ganze** lehrende Kirche gegenwärtig ist, zu deren Gunsten diese Verheißungen gemacht wurden." (S. 23.) In welchem Concil war denn wohl je die ganze lehrende Kirche d. h. **alle** Bischöfe der katholischen Kirche versammelt? Entbehren also alle Concilien so lange ihres Ansehens, bis die Zustimmung aller Bischöfe erfolgte? Welcher **Katholik** hat jemals das zu behaupten gewagt?

Wenn sich **die** Verheißungen, welche dem heiligen **Petrus** zugleich mit den übrigen Aposteln gegeben wurden, nothwendig erfüllen **müssen**, werden dann jene, die Petrus allein gegeben wurden, unerfüllt **bleiben**?

An einer Stelle **gab** der Verfasser der **als** Manuscript gedruckten Broschüre doch großmüthig genug zu, die Uebereinstimmung gar aller Bischöfe sei nicht **erfordert** zur Erlassung eines Glaubensdekretes, **sondern** es genüge der dritte oder auch ein kleinerer Theil. Dieses passirte ihm, wo er von jenem berüchtigten Dekrete der Constanzer Synode handelte: „Eben diese Synode, da sie im heiligen Geiste rechtmäßig versammelt ist, und ein allgemeines Concil bildet, welches die streitende katholische Kirche darstellt, hat unmittelbar von Christus ihre Gewalt, der jeder, weß Standes und Amtes **er** sein mag, selbst der **Papst**, gehorchen muß in allem dem, was sich auf den Glauben und **die Beendigung des** besagten Schismas bezieht." — Dieses Dekret wurde in der IV. Sitzung erlassen und **in der V.** wiederholt. Nun war aber da-

---

[1]) Mansi, tom. **XI.** pag. 1087—1089.

mals, d. h. zu Anfang dieser Versammlung, nur die Obedienz Johannes XXIII. oder jener Theil, der ihm anhing, zugegen. Denn jener Theil, welcher Gregor XII. anhing, trat erst in der XIV. Sitzung bei, nachdem auch Gregor XII. dieses Concil, das ihm bis dahin ungesetzlich galt, und das er nicht anerkannte, mit seinem Ansehen einberief.¹) Jener Theil aber, der Benedict XIII. anhing, trat theils in der XXII., theils erst in der XXV. Sitzung bei, nachdem eine neue Einberufung erfolgt war, und zwar eine wechselseitige, nämlich durch die Bischöfe, welche bis dahin Benedict XIII. anhingen, einerseits, und andererseits durch jene, die bereits zu Constanz versammelt waren.²) Bei Erlassung dieses Dekretes war nur eine Obedienz gegenwärtig, während die beiden andern sich widersetzten. Ja nicht einmal die Obedienz Johann's XXIII. trat vollständig bei; „denn mehrere sehr gelehrte Väter, sagt Johannes von Turrecremata,³) gaben ihre Zustimmung oder Einwilligung nicht, (consensum — aut assensum)." Dieses ist denn auch unter Anderm der Grund, warum schon zur Zeit des Concils von Constanz die gediegensten Männer jenem Dekrete, das sie übrigens nur von einem zweifelhaften Papste verstanden, keine bindende Gewalt beilegten. Zu jener Zeit, so schlossen sie, stellte jene Versammlung nicht die ganze Kirche dar, sondern nur die Obedienz Johannes XXIII. Eben deßwegen vereinigten sich die übrigen Obedienzen mit den Bischöfen zu Constanz nur, nachdem durch sie eine neue Berufung Statt gefunden hatte. Indem aber die Bischöfe, welche zu Constanz waren, diese Bedingung zuließen, haben sie damit nicht auch zugegeben, daß ihr Concil bis dahin kein ökumenisches war? Deßhalb sagt Turrecremata, der in der letzten Zeit des Concils zu Constanz lebte: „Nachdem so endlich alle drei Obedienzen im Namen Christi versammelt waren in der Absicht ein allgemeines Concil zu halten, so gelangten auch alle Christgläubigen zur Gewißheit und zum Glauben, daß zu Constanz ein allgemeines Concil gehalten werde, welches die ganze Kirche darstellt; vorher aber nicht, da zwischen den Gläubigen die Frage schwebte, welcher von den dreien, die sich als römische Päpste benahmen, in Wirklichkeit das Ansehen und die Oberhoheit des apostolischen Stuhles besitze."⁴)

Ganz anders verfährt der Verfasser der als Manuscript gedruckten Broschüre. Er sagt: „Und man sage nicht, das Concil von Constanz sei zur Zeit der IV. und V. Sitzung nicht allgemein oder ökumenisch gewesen, weil die Obedienzen Gregor XII. und Benedikt XIII. nicht anwesend waren. Denn das ist kein

---

¹) Raynald. ad an. 1515. n. 26. ²) Mansi, tom. XXVI. p. 1128.
³) Summa de Eccl. l. II. c. 99. ⁴) Ibid.

Grund, weßhalb ein Concil nicht ökumenisch ist, weil mehrere Bischöfe nicht auf ihm erscheinen wollen, da es zum Besten der Kirche, zur Beendigung des Schisma, zur Beruhigung des Volkes Gottes berufen wurde. Für jene Zeitverhältnisse war die Abhaltung dieses Concils canonisch und im heiligen Geiste rechtmäßig, und jene haben gegen alle Satzungen gehandelt, die da zum ökumenischen Concil, dem einzigen Mittel, um das Schisma zu beenden und der Kirche Gottes den Frieden zu geben, von Anfang nicht kommen wollten." (S. 43.) — Männer von Geist und Frömmigkeit der damaligen Zeit waren anderer Ansicht. So schreibt der Cardinal Johannes von Turrecremata: „Niemand bezweifelt, daß es den beiden andern Obedienzen gegenüber vermessen und ärgerlich wäre (temerarium et scandalosum) zu behaupten, die eine Obedienz Johannes XXIII. bilde ein allgemeines Concil, welches die Gesammtkirche darstelle." Der Grund, welchen der Verfasser der als Manuscript gedruckten Broschüre anführt, wäre nur dann stichhaltig, wenn derjenige, der die Versammlung zu Constanz Anfangs berief, im unbezweifelten Besitz des Rechtes einer solchen Berufung gewesen wäre. Da er sich aber eines solchen Besitzes nicht erfreute, so konnte er auch kein endgiltiges Urtheil darüber fällen, ob diese Zusammenkunft von Constanz der einzige und unumgänglich nothwendige Weg war, um das Schisma zu beenden. Wenn freilich ein rechtmäßiger Papst ein Concil beruft, so gilt immer jenes Wort des heiligen Ambrosius: „Wo Petrus, da ist die Kirche,"[1]) wenn auch eine geringere Anzahl von Bischöfen sich einfindet. Aber selbst zur Zeit des Concils von Constanz fand dieses Axiom: „Wo ein Drittel der Bischöfe, da ist die Kirche," keine Geltung. Wenn indessen auch zugegeben würde, die übrigen Bischöfe seien im Gewissen schwer verpflichtet gewesen, nach Constanz zu gehen, um in Vereinigung mit den übrigen die Beendigung des Schisma herbeizuführen, so folgte daraus nur, dieses Concil, wie immer allgemein, besaß die Vollmacht, über die Beilegung des Schisma zu berathen, nicht aber jene, wie der Verfasser meint, das Verhältniß zwischen Papst und Kirche als Glaubenslehre zu bestimmen; denn solche Dekrete können nur mit Beistimmung des Papstes erlassen werden. Auffallend ist, daß unser Verfasser, der noch oben lehrte, die Verheißung Christi gehe nicht in Erfüllung, „es sei denn die ganze lehrende Kirche da", und der darum folgerte, die Mitwirkung der Bischöfe sei nothwendig (S. 23.), nun doch lehrt, „die Beschlüsse der IV. und V. Sitzung des Concils von Constanz handelten von jedem rechtmäßigen allgemeinen Concil (S. 41.) und bezögen

---

[1]) Enarrat. in Ps. 40, n. 30.

sich deßwegen **nicht blos auf die Zeit eines** Schisma oder zweifelhaften Papstes; sie seien canonisch abgefaßt, wiewohl kein **Papst** dabei war. Gilt also hier nicht, was er an einer andern **Stelle geltend macht,** nämlich: **die** Verheißungen Christi gingen nur in Erfüllung, wenn die Gesammtkirche da ist? Denn er wird doch kaum behaupten wollen, daß die Gesammtkirche da sei, wenn das Haupt fehlt. Man sieht also, wie der Verfasser, der an der einen Stelle vollständige oder doch beinahe vollständige Uebereinstimmung der Bischöfe und der ganzen lehrenden Kirche fordert, d. h. Uebereinstimmung des Papstes und der Bischöfe bei Erlassung eines Dekretes in Glaubenssachen, an einer anden Stelle nicht so schwierig ist, wo es sich um Dekrete handelt, die den römischen Päpsten ihre Rechte in etwas einzuschränken scheinen. Für solche Dekrete genügt ihm der dritte oder auch ein noch geringerer Theil der Bischöfe, und ist die Betheiligung des Papstes nicht erfordert.

Aus dem, was eben über die dreifache Berufung des Concils zu Constanz bemerkt worden, geht auch hervor, was von dieser Aeußerung des Verfassers **zu halten ist:** „**Die** Legitimität des Concils von Constanz steht und fällt mit der IV. und V. Sitzung; also sind auch die Dekrete der IV. und V. Sitzung vom heiligen Stuhle bestätigt." (S. 45.) Der Verfasser übergeht immer mit tiefem Stillschweigen, was sich auf die neue Berufung des Concils bezieht, als sich die Obedienz Gregor XII., und wieder, als sich jene Benedict XIII. mit den Vätern zu Constanz vereinigte. Indem er also dafür hält, das Concil von **Constanz sei von Anfang an** ein allgemeines gewesen, **steht er in Widerspruch mit zwei Dritttheilen** der Kirche, **er, der die** Uebereinstimmung der Kirche so sehr geltend macht.

Auch das verschlägt nichts, wenn man sich darauf beruft, daß Alle die Verurtheilung der Irrthümer des Wicleff in der VIII. Sitzung, des Johannes Huß in der XV. und des Hieronymus von Prag in der XXI. Sitzung angenommen haben; ja daß Martin V. wollte, man solle jeden, der der Häresie verdächtig wäre, fragen: „Ob er glaube, daß die Verurtheilung des Joh. Wicleff 2c. durch das heilige allgemeine Concil zu Constanz rechtmäßig (rite) geschehen sei." Denn zu der Zeit, da Martin V. diese Frage vorschrieb, war das Concil zu Constanz wahrhaft allgemein, und da eben dieses Concil jene Verurtheilung, wie sie in früheren Sitzungen geschehen war, **als** rechtmäßig erkannte (ratam habuit), **so muß** man sagen, daß eben jene **Irrthümer** von dem Concil von Constanz als einem allgemeinen verworfen wurden. Daraus aber, daß Martin V. Einiges von dem, was in **den frühern Sitzungen geschehen war, als** recht erkannte, folgt keineswegs, daß er Alles für **recht** erkannte.

Davon, daß das Dekret des Concils von Constanz nicht nur von einem zweifelhaften Papste handle, sondern auch von einem rechtmäßigen und gewissen zu verstehen sei, ist der Verfasser so überzeugt, daß er sagt: „Niemand, selbst der römische Papst mit eingeschlossen, hat sich dagegen erhoben und gesagt, diese Dekrete bezögen sich nur auf Zeiten, in denen kein gewisser und gesetzlicher Papst da wäre." (S. 41.) Aber wie, wenn schon Turrecremata, der bekanntlich auf dem Concil war, Folgendes schrieb: „Es ist nicht wahr, ja gerade falsch ist, was die Gegner sagen, daß nämlich zu Constanz erklärt oder beschlossen worden sei, eine allgemeine Synode, die im heiligen Geiste rechtmäßig versammelt ist und ein allgemeines Concil bildet, welches die streitende Kirche darstellt, habe ihre Gewalt unmittelbar von Christus, und ihr hätte sich jedermann, weß Standes oder Würde er sei, selbst der Papst, zu fügen. Ein solches Dekret, unter dieser Form, findet sich in den Akten von Constanz durchaus nirgends. Die Erklärung aber, welche die Väter der Obedienz Johannes XXIII. abgaben, lautet: Diese heilige Synode von Constanz, die ein allgemeines Concil bildet, um die Beendigung des Schisma und die Vereinigung wie Erneuerung der Kirche in Haupt und Gliedern herbeizuführen, erklärt, daß sie im heiligen Geiste versammelt, ein allgemeines Concil bilde und die katholische streitende Kirche darstelle, und somit ihre Gewalt unmittelbar von Christus habe, der sich ꝛc. Man sieht offenbar, wie dieses Dekret jener Väter nicht allgemein von jeder Synode redet, sondern von jener allein, zu deren Zeit in der Kirche nicht Ein unbezweifelter Hirt der ganzen Kirche war. Daraus geht also erstens hervor, daß es falsch ist, es sei zu Constanz ein Dekret in der Fassung gegeben worden, wie man es vorgibt. Zweitens ist ohne Beweiskraft, was man aus dem Concil von Constanz beibringt. Denn auch zugegeben, es sei ein solches Dekret (in der Fassung, wie es die Gegner angeben) zu Constanz wirklich ausgegeben worden, so liegt darin doch kein genügendes Element, weil ja dasjenige, was die Gegner voraussetzen, dasselbe sei von einem allgemeinen, rechtmäßig versammelten und die Gesammtkirche darstellenden Concil abgefaßt worden, in den Augen Vieler äußerst zweifelhaft ist, ja selbst falsch ist nach dem Urtheile einer großen Anzahl, nämlich aller derer, welche der Obedienz Gregors und Benedikts anhingen. Und in der That ist offenkundig aus den Akten dieser Versammlung, daß jene Dekrete, wenn sie diesen Namen doch verdienen, nur von einigen Vätern der Obedienz Johannes XXIII. erlassen wurden."[1]) So weit Johannes von Turrecremata, ein Mann von unbezweifeltem Wissen und unbescholtenem Rufe.

---

[1]) Summa de eccles. l. II. c. 99.

Was nun jenes Dekret des Concils von Basel betrifft, worin auch ein gewisser Papst als unter dem Concil stehend erklärt wird, so hat schon Bellarmin **kurz** darauf geantwortet:[1] „Das Concil von Basel wurde zwar gesetzmäßig eröffnet, aber gesetzwidrig geschlossen. Was das Baseler Concil über seine Auktorität über den Papst definirte, hat kein Papst bestätigt." So bringt denn auch der Verfasser durchaus nichts bei, wodurch er das Gegentheil bewiese. Aber hören wir seine Beweisführung: „Eugenius hat das Concil von Basel feierlich als gesetzmäßig und canonisch anerkannt **bis zur** XIV. Sitzung, in welcher die Versöhnung Eugen's mit der Baseler Synode Statt fand. Nun wurden aber in den nachfolgenden Sitzungen die Dekrete der fünften Sitzung zu Constanz dreimal bestätigt; — also hat Eugenius diese Dekrete als gesetzmäßig und canonisch erklärt und ihnen beigestimmt, **d. h.** Eugenius IV. hat die Dekrete der V. Sitzung des Constanzer Concils feierlich bestätigt." (S. 44.) Der Schluß ist indeß unrichtig, weil der Syllogismus verkehrt gebildet ist. Es konnte nur gefolgert werden: Also hat Eugenius das Concil für gesetzmäßig und canonisch erklärt, als es jene Constanzer Dekrete in seinem Sinne annahm. Aber der Verfasser setzt statt „Concil" das Wort „Dekrete". Es ist indessen ein **großer** Unterschied zwischen der Erklärung, das Concil sei zu jener Zeit, wo es gewisse Dekrete erließ, gesetzmäßig und canonisch gewesen, und der Annahme und Bestätigung jener Dekrete selbst. In der That bestätigt denn auch die Geschichte, daß die Päpste jederzeit die Dekrete jener Concilien, denen sie nicht selbst beiwohnten, sobald sie ihnen überbracht worden, einer Prüfung unterzogen, es sei denn, daß sie schon zum voraus ihren Legaten bestimmte und ins einzelne gehende Aufträge gegeben hatten. Es ist aber wohl zu unterscheiden zwischen der Gesetzmäßigkeit eines Concils und der Bestätigung seiner Dekrete. Uebrigens bediente sich bereits Launoi[2] derselben Beweisführung wie der Verfasser, um aus den Dekreten des Baseler und Constanzer Concils darzuthun, daß der Papst unter dem Concil stehe. Aber Launoi ist eben ein höchst unzuverlässiger Gewährsmann.

Mit gleichem Stillschweigen übergeht der Verfasser, sonst ein warmer Verfechter der vollsten Uebereinstimmung aller Bischöfe, die Frage, wie es denn in Basel mit der Einhelligkeit oder Meinungsverschiedenheit, wie mit der Zahl der Bischöfe bestellt war. Es wäre nicht ohne Nutzen gewesen, hier zu erwägen, was Joh. v. Turrecremata in dieser Beziehung verzeichnet

---

[1] De conc. l. II. c. 19.   [2] Oper. tom. V. part. I. p. 116.

hat: „Der Ausgabe (der Baseler Dekrete) stimmten viele Prälaten und Doktoren, die in beiden Rechten graduirt waren, und durch Weisheit und Tugend ausgezeichnet waren, nicht bei. Mehrere von ihnen bemerkten, daß die genannten Dekrete der Lehre der heiligen Väter zuwider wären, und sie treten daher nicht nur in ihren Kreisen (deputationibus) dagegen auf und verwerfen sie, sondern sie wollten auch jenen Sitzungen des Concils selber nicht beiwohnen, wo solche Dekrete auf das Drängen einiger Feinde des apostolischen Stuhles im Verein mit einer Schaar Solcher, die jeder Gediegenheit und jeden Ansehens entbehrten, veröffentlicht wurden. Sie waren nicht mit allgemeiner Uebereinstimmung festgestellt, denn man erwartete die Vertretung der Gesammtkirche nicht, ja nicht einmal die volle Versammlung der Synode; denn man beschloß darüber, noch ehe die Gesandten mehrerer Könige und Fürsten anwesend waren, wie wohl es bekannt gewesen, wie einige von ihnen bereits unterwegs seien." So Turrecremata.[1]) Daraus ergibt sich, mit welcher Willkühr der Verfasser behauptet: „Wenn man auch zugebe, daß Betreffs der canonischen Auctorität dieser Canonen einige Bedenken vorlagen," so geht doch aus dem ganzen Verlaufe unter Anderm dieses als gewiß hervor, „daß der Glaube der ganzen Kirche damals gewesen sei," nicht nur der Papst, „sondern auch die canonisch erwählten, geweihten und eingesetzten Bischöfe, erhielten ihre Gewalt unmittelbar von Christus;" (S. 45.) „der römische Papst besitze in der Weise die Vollgewalt über die Gesammtkirche, daß doch die ganze Fülle der kirchlichen Gewalt, die höchste und letzte Instanz, die Regel des Glaubens, nicht in der persönlichen (?) und von der Gesammtkirche unabhängigen Auctorität des einen Papstes liegt, sondern in der einstimmigen Beurtheilung und Beipflichtung der Kirche." (S. 46.) Mit welchem Rechte werden hier, nachdem zugegeben ist, daß die Baseler Dekrete vom Papste nicht bestätigt wurden, die Väter von Basel für die allgemeine Kirche genommen? Nichts weiter können wir dem Verfasser zugeben, als daß zu jener Zeit in der Kirche ein Theil war, der derlei Dinge als seine Ueberzeugung aussprach; daß aber der größte und vorzüglichere Theil der Kirche so dachte, müssen wir in Abrede stellen. Was jenen Satz betrifft, es sei gestattet vom Papste an ein ökumenisches Concil zu appelliren, so bezeichnete ihn der heilige Antonin für „häretisch," wie wir später (XIII. 4.) sehen werden. Jener andere Satz aber, die Dekrete der Päpste in Glaubenssachen seien dem Irrthume ausgesetzt, ist von solchem Ursprung, daß er dadurch jedenfalls nicht empfohlen wird, wie wir ebenfalls später (XIII. 5.) sehen werden.

[1]) Summa de eccles. l. II. c. 100.

7. Daß das Constanzer Dekret nicht bloß in Bezug auf eine Zeit erlassen worden, wo der Papst zweifelhaft ist, meint der Verfasser auch so zu erhärten: „Wenn auch kein Concil gehalten werden kann ohne den Papst, so gilt dieses doch nur für jene gewöhnlichen Verhältnisse, wo der Papst canonisch richtig verfährt. Für jene außergewöhnliche Zeit aber, wo, was **Gott verhüten wolle**, ein Papst gegen alle Rechte seine Gewalt zum Untergang der Kirche mißbrauchte, und weder ein Concil berufen, noch ein versammeltes anerkennen oder ihm vorsitzen, noch es beschützen wollte, hat dieses **keine** Geltung. . . . Jede Gesellschaft hat von der Natur das Recht, sich zu vertheidigen und unversehrt zu erhalten. . . Und es ist nicht gegen die Billigkeit, daß der Körper der Gesammtkirche in einem so außerordentlichen Falle, wenn ihn Gott zuließe, seinem Haupte Gesetze vorschriebe; im Gegentheil, es ist selbst dem ewigen und unveränderlichen Rechte entsprechend, daß Derjenige, der gegen alle Rechte handelt, in sofern er dieses **thut**, alle seine Gewalt verliere. Er wird dadurch der Gesellschaft unter**geordnet, der** er vorstehen sollte, wenn er canonisch recht gehandelt hätte. Denn **es** ist ja in keiner Weise gegen das Recht, daß Jener, der dem Recht gemäß verfährt, über jenen die Oberhand gewinne, der gegen das **Recht** Alles verwirrt." (S. 41. 42.)

Wahrlich „Gott möge eine so außergewöhnliche Lage verhüten!" Diese Worte unseres Verfassers, sowie jene „wenn Gott ihn zuließe," beweisen vor Allem, daß es ihm nicht glaublich scheine, die Kirche könne durch einen gesetzlichen **und** gewissen Papst in solche Bedrängniß kommen, oder sei durch einen solchen je dahin gekommen. Ist dieses die Meinung des Verfassers, so dürfte sie auch wohl jene der Väter zu Constanz gewesen sein, daß nämlich die Kirche durch einen gesetzlichen und gewissen Papst nie in solche harte Lage gebracht wurde. Was folgt daraus? Einfach dieses, daß es nicht glaublich ist, die Väter zu Constanz hätten Bestimmungen erlassen wollen „für jenen außerordentlichen Fall, wenn ihn Gott zuließe," oder für jene Verhältnisse „die Gott verhüten wolle," nach ihrem und unserm Wunsche und Vertrauen. Also sind ihre Dekrete nicht von einem gesetzlichen und **gewissen**, sondern von einem zweifelhaften Papste, und von der Zeit des Schisma zu verstehen. Dieses ist denn auch die Ansicht der gediegensten Männer von jeher gewesen.

Wir haben in der That allen Grund, **mit** Sicherheit anzunehmen, jene außerordentlichen Zeitverhältnisse, für welche die Väter des Concils jene **Dekrete**, wie wir zeigten, nicht erlassen haben, werden niemals über die Kirche kommen. Denn da **der** Papst nicht vom Gesammtkörper, oder **von** der Kirche seine **ganze Kraft erhält**, sondern von Christus, dessen Stellvertreter er ist, so darf man auch vom Papste nicht denken, **wie von jedem beliebigen Gliede eines natürlichen Körpers, das vom Gesammtwirken beeinflußt wird und deßhalb auch den Gesetzen des ganzen Körpers unterworfen bleibt.** Denn wenn der Papst das Haupt der Kirche genannt wird, so ist zwar das Bild vom menschlichen Leibe genommen, es wird eben dabei nur dasjenige bezeichnet, was das menschliche Haupt an Vorzügen und Unabhängigkeit auszeichnet, nicht dasjenige, worin es unvollkommen, und vom übrigen Leibe abhängig ist. Denn da Petrus das Fundament ist, das Fundament aber nicht vom Bau gestützt wird; da er die Schlüssel des Himmels nicht von der Kirche sondern von Christus erhielt; da er die Hirtengewalt nicht von der Heerde, sondern vom obersten aller Hirten, von Christus, empfing; so ist in der That einleuchtend, daß der Papst nur die Vorzüge, welche das menschliche Haupt vor den übrigen Gliedern auszeichnet, erhalten habe, nicht aber die Mängel. Und in der That, er ist das sichtbare Haupt der Kirche, wie Christus ihr unsichtbares ist; aber deßwegen empfängt er den Lebenseinfluß so wenig von dem übrigen Körper, wie Christus ihn von der Kirche erhält. Aus allem dem folgt, daß dem römischen Papste, als dem Haupte **der Kirche und** Stellvertreter Christi, die Kirche keine Gesetze geben kann. Aber eben weil der Kirche die Gewalt nicht gegeben ist, den Papst zu überwachen, so müssen wir schließen, Christus selber, von dem der Papst abhängt, werde in unendlicher Weisheit und Allmacht Sorge tragen, daß niemals das Bedürfniß eintrete, den Papst zu überwachen.

Für die Behandlung der übrigen hierhin gehörigen Punkte bietet sich im nächsten Abschnitte Gelegenheit.

———

IV.
Die Lehre von dem Kriterium der katholischen Wahrheit zu den Zeiten der hl. Väter.

1. Nothwendiges doppeltes Princip, um die Aussprüche der Väter in dieser Materie richtig zu verstehen — 2. Der Verfasser beutet das Beispiel des hl. Cyprian für sich aus und schlägt sich dabei selbst mit doppelter Waffe. Fehlerhafte Beweisführung aus den Principien des Vincentius von Lerin. — 3. Dieselben **Väter**, die der Verfasser für seine Ansicht anführt, haben eine **ganz andere**.

1. „Ohne den Nachfolger des **hl.** Petrus kann den Gläubigen durchaus keine Entscheidung als feste und einer Berichtigung nicht unterworfene

Glaubensregel vorgelegt werden; aber nach der Anschauungsweise der Kirchenväter kann eine solche auch nicht ohne die hinlänglich zu Tage tretende Uebereinstimmung der einzelnen Kirchen zu Stande kommen." Diesen Satz hat der Verfasser der „Bemerkungen" durch Stellen weniger Väter zu beweisen unternommen. Zuvörderst ist zu bemerken, daß man, wenn die Väter von irgend einem Mittel, die Wahrheit zu erforschen, handeln, nicht sogleich schließen dürfe, daß sie außer und neben diesem kein anderes gekannt oder hätten zulassen wollen. Die Uebereinstimmung aller Kirchen, d. h. sowohl der Bischöfe als auch der Gläubigen, oder der lehrenden und der hörenden Kirche beweist ohne Zweifel, daß der betreffende Punkt eine katholische Wahrheit sei und geglaubt werden müsse. Wird aber daraus jemand schließen wollen, daß die Uebereinstimmung der lehrenden Kirche allein kein Criterium der Wahrheit sei? Das Ansehen eines vom Papste approbirten allgemeinen Concils ist unantastbar. Folgt aber daraus, daß das Ansehen aller über den Erdkreis zerstreuten Bischöfe, wenn sie mit dem römischen Papste in Betreff irgend eines Glaubenssatzes übereinstimmen, nicht unantastbar sei? Muß man gleich annehmen, daß Derjenige, welcher das Ansehen eines allgemeinen Concils betont, behaupte, man schulde nur einem allgemeinen Concil den Gehorsam des Verstandes?

Ferner darf man nicht außer Acht lassen, daß, obgleich viele Mittel die Wahrheit zu finden, dieselbe innere Kraft haben, sie doch nicht immer dasselbe äußere Ansehen besitzen. Wenn die über den Erdkreis zerstreuten Bischöfe mit dem Römischen Papste dasselbe lehren, so ist zwar ihr Ansehen an sich unfehlbar; nichtsdestoweniger erhält dieses Ansehen, wenn sie an einem Orte versammelt, zugleich mit dem Römischen Papste irgend eine Lehre aussprechen, ein größeres Gewicht, und ihre äußere Auktorität erscheint größer, wenn es sich darum handelt, hartnäckigen Widerspruch zum Schweigen zu bringen. Deßhalb haben auch Diejenigen, welche lehren, daß der Papst in der Entscheidung von Glaubensstreitigkeiten unfehlbar sei, immer zugegeben, daß man aus äußern Gründen zuweilen ein allgemeines Concil für nöthig halten könne.

2. Aus dem Gesagten erhellt zur Genüge, wie wenig der vom Verfasser oben aufgestellte Satz durch einige Väterstellen bewiesen werden kann. Ja, was er über den heil. Leo d. G. ausführlich (S. 19—21) darlegt, beweist, wie man auf den ersten Blick sieht, ganz und gar dasjenige, was wir gesagt haben, daß nämlich der hl. Papst ein Concil nicht für absolut nothwendig gehalten habe. Nichts Anderes beweisen die Worte des heil. Leo. Wenn er aber aus dem Beispiele des heil. Cyprianus beweisen will, daß die Auktorität des Römischen

Papstes in Entscheidung von Glaubensfragen nicht für unantastbar gehalten worden sei, so schlägt er sich selbst mit seinen eigenen Waffen. Er sagt: „Den Cyprianus trieb außer der Liebe, welche er zu der Kirche hegte, von der er den Glauben erhalten hatte, auch ein glühender Eifer, die Ketzerei zu widerlegen; da man aber die Heiligkeit und Gewissenhaftigkeit des berühmten Mannes nicht in Zweifel ziehen kann, so würde er, wenn er geglaubt hätte, daß alle Entscheidungen des hl. Stuhles in Glaubenssachen von Gott vor jedem Irrthum bewahrt würden, gewiß mit der Anordnung des heil. Stephanus einverstanden gewesen sein." (S. 18.) Dieser Beweisführung hat der Verfasser selbst jede Kraft genommen, indem er kurz vorher (S. 9.) schrieb: „Da Viele aus den Judenchristen behaupteten, die Heidenchristen müßten sich beschneiden lassen und das ganze mosaische Gesetz beobachten, so kamen Petrus und mehrere Apostel mit den Aeltesten zu Jerusalem zusammen... Jeder einzelne Apostel erfreute sich jenes Beistandes des heiligen Geistes, wodurch er in Sachen des Glaubens vor jedem Irrthume bewahrt wurde; um jedoch die von den Judenchristen erhobenen Bedenken zu beseitigen, hielten die Apostel es für zweckdienlich, ihre Uebereinstimmung möglichst deutlich zu bekunden." Wenn also, obgleich die Apostel einzeln als Lehrer unfehlbar waren, was sie auch durch Wunder vor aller Welt bekundeten, Einwendungen und Schwierigkeiten von Seiten der Christen vorhergesehen wurden; wie kann man sich wundern, daß der hl. Cyprianus, obgleich er nicht im mindesten bezweifelte, daß das Ansehen des Römischen Papstes an sich hinreiche, dadurch daß er den Gehorsam verweigerte, nach dem Zeugnisse des hl. Augustinus sich eine Makel anheftete?

Aber der Verfasser schlägt sich von Neuem mit seiner eigenen Waffe, indem er, um seine Beweisführung schlagender zu machen also fortfährt: Stephanus brach die Kirchengemeinschaft mit den Bischöfen von Kleinasien, welche in Betreff der Ketzertaufe im Irrthume befangen waren, ab, oder stand doch auf dem Punkte, es zu thun. Aber der große Dionysius, Bischof von Alexandrien, bat und beschwor den Papst, daß er doch keine Spaltung in der Kirche veranlassen möge. Ueber die Angelegenheit des Cyprianus schrieb er Briefe an Sixtus I., den Nachfolger des hl. Stephanus, und an Philemon, einen Römischen Priester, und bewirkte, daß die Kirchengemeinschaft zwischen den Kirchen von Afrika und dem heil. Stuhle kurz vor dem Martertode des Cyprianus wieder hergestellt wurde, ohne daß jedoch dieselben den Irrthum, in dem sie befangen waren, aufgaben." (S. 18. 19.) Also Stephanus hat die Bischöfe von Asien und Afrika, obgleich sie den Gebrauch, die Ketzer von Neuem zu taufen, beibehielten, nicht aus der Kirche **ausgeschlossen.** Was folgt daraus? Doch gewiß **dieses,** daß er, obgleich er ihren Gebrauch verwarf, dennoch eine Glaubenserklärung nicht erlassen, und die ganze Sache nicht durch ein endgültiges Urtheil erledigen wollte. Die Päpste wollten nachsichtig sein und der menschlichen Schwäche Rechnung tragen, bis endlich auf dem ersten Concil von Nicäa die Sache erledigt wurde. Nun wird auch klar, wie wenig die Worte des hl. Augustinus das besagen, was der Verfasser darin finden möchte: „Auch wir würden es nicht wagen, so etwas zu behaupten, wie Stephanus befohlen hat, wenn wir nicht bestärkt wären durch das übereinstimmendste Zeugniß der katholischen Kirche, dem auch er (Cyprianus) ohne Zweifel sich würde gefügt haben, wenn schon zu jener Zeit die Wahrheit durch ein allgemeines Concil so klar dargelegt gewesen wäre." (S. 17.) Als Augustinus dieses schrieb, war die Wahrheit bereits durch ein allgemeines Concil klargestellt worden; von dem hl. Stephanus war sie es nicht, weil er, wie sein Verfahren beweist, durch die Bitten Andrer bestimmt, dieselbe nicht durch endgültigen Ausspruch hatte entscheiden wollen.

Nachdem der Verfasser die bekannten Worte des Vincentius von Lerin angeführt, bricht er in diese bedeutungsvollen, ja fast tragischen Worte aus: „Vierzehn Jahrhunderte sind seitdem verflossen; aber die Kraft dieser Worte ist nicht abgeschwächt worden; denn die Wahrheit, welche sie in sich tragen, sitzt fest tief im Herzen eines jeden Katholiken." (S. 21.) Was folgt daraus? Leugnet Jemand, daß das vollkommen wahr sei, was Vincentius schreibt? „In der katholischen Kirche ist angelegentlichst dafür zu sorgen, daß man das festhalte, was überall, was immer, was von Allen geglaubt worden ist. Denn das ist wahrhaft und eigentlich katholisch. Das sagt ja auch schon das Wort und der Begriff katholisch. Das aber wird erst der Fall sein, wenn wir uns halten an die Gesammtheit, an das Alter und an die Uebereinstimmung." Unser Verfasser aber setzt offenbar voraus, Vincentius habe geschrieben (solo consensu deprehendi doctrinæ veritatem, aut id solum esse catholicum, quod ubique, quod semper, quod ab omnibus creditum est) nur die vollkommene Uebereinstimmung zeige die wahre Lehre, oder nur dasjenige sei katholisch, was überall, was immer, was von Allen geglaubt worden; denn wenn er das nicht voraussetzte, so würde er gegen die ersten Gesetze des vernünftigen Denkens verstoßen, indem er so fortfährt: „Wenn aber eine Lehre katholisch ist, weil sie in allen Kirchen der Gegenwart und der Vergangenheit vorhanden ist und vorhanden war, und also die Gewißheit, daß sie von Gott geoffenbart sei, dadurch erlangt wird, daß die Uebereinstimmung aller Kirchen klar zu Tage tritt, so ist zwar das Zeugniß der Römischen Kirche von sehr hoher Bedeutung, aber es allein bringt jene Gewißheit nicht zu Wege." (S. 21.) Wer möchte es wohl wagen, etwa so zu schließen: Wenn es feststeht, daß das Geheimniß der hhl. Dreifaltigkeit geoffenbart ist, weil es in der hl. Schrift enthalten ist, so steht es nicht deßhalb fest, daß es geoffenbart sei, weil die Tradition es lehrt! Und dennoch würde unser Verfasser einen ähnlichen Schluß ziehen, wenn er nicht voraussetzte, Vincentius von Lerin habe geschrieben, nur jenes sei katholisch u. s. w. Ebenso sonderbar ist es ferner, daß der Verfasser voraussetzt, es sei, damit der katholische Charakter einer Lehre feststehe, nach den Principien des Vincentius nothwendig, daß sie in allen Kirchen der Vergangenheit und der Gegenwart gelehrt worden sei, und noch gelehrt werde. Gerade das Gegentheil lehrte Vincentius. Er fragt nämlich unter Anderm, was zu jener Zeit zu thun gewesen, „wo das Gift der Arianer fast den ganzen Erdkreis angesteckt hatte", [1]) so daß von einer Uebereinstimmung der Kirchen jener Zeit gar nicht die Rede sein konnte. Daß übrigens, nach der Ansicht des Vincentius weder die Uebereinstimmung aller Kirchen sowohl der Vergangenheit als auch der Gegenwart, noch auch überhaupt die Uebereinstimmung der einzige Weg sei, die Wahrheit zu finden, sondern daß man auch an die Auktorität des Lehramtes recurriren müsse, das konnte man schon aus dieser einen Stelle desselben entnehmen: „Was ist zu thun, wenn eine neue Irrlehre nicht etwa einen kleinen Theil der Kirche, sondern die gesammte Kirche auf einmal anzustecken droht? Auch dann wird er (der Katholik) suchen, sich an das Alterthum zu halten, welches durchaus der Neuerung nicht zugänglich ist. Was aber, wenn man findet, daß selbst im Alterthume zwei oder drei Menschen, oder selbst eine Stadt, oder sogar eine Provinz im Irrthume befangen waren? Dann wird er auf jeden Fall suchen, der Verwegenheit oder der Unwissenheit Weniger die Beschlüsse eines allgemeinen Concils, wenn solche aus der Vorzeit vorhanden sind, entgegenzustellen." [2])

3. Man kann leicht beweisen, daß gerade diejenigen Kirchenväter, welche der Verfasser für seine Ansicht anführt, der Lehre, welche die Unfehlbarkeit des apostolischen Stuhles in Lehrentscheidungen festhält, nicht nur nicht widersprechen, sondern geradezu für sie sprechen. Um bei Vincentius von Lerin stehen zu bleiben, so schreibt dieser: „Obgleich dieses Alles mehr als zur Genüge hinreicht, um alle profanen Neuerungen zu ersticken, so haben wir dennoch, damit es nicht den Anschein habe, als ob einer so großen All-

---

[1]) Commonit. cap. 6.   [2]) Commonit. cap. 4.

gemeinheit etwas abgehe, zuletzt noch zwei Zeugnisse des apostolischen Stuhles hinzugefügt; **das eine ist nämlich** von dem hl. Papste Xystus, **der** gegenwärtig die Römische Kirche durch seine Verehrungswürdigkeit verherrlicht; das andere ist von seinem Vorgänger dem Papste Cölestinus, sel. Andenkens, welches wir hier einzufügen für nöthig erachten.... Wer diesen apostolischen und katholischen Decreten widerspricht, der muß vorher das Andenken des heil. Cölestinus verachten, welcher bestimmte, daß die Neuerung aufhören solle, das Alterthum anzugreifen; dann muß er verachten die Bestimmungen des heil. Xystus, welcher der Neuerung allen weitern Spielraum abgeschnitten wissen wollte" u. s. w. — Der Verfasser hat sich vergebens bemüht, die Worte des hl. Leo abzuschwächen, welcher schreibt: „Was er (Gott) zuerst durch unsern amtlichen Ausspruch entschieden hatte, das hat er durch die unwiderrufliche Zustimmung aller Brüder bekräftigt. Dadurch wollte er beweisen, daß das von ihm ausgegangen sei, was zuerst vom höchsten Stuhle beschlossen und von dem Urtheile des ganzen Erdkreises angenommen worden." [1]) Wenn der Papst dasselbe Recht hat, wie die Concilien, nämlich Glaubensstreitigkeiten zu entscheiden, und zwar so, daß der ganze katholische Erdkreis sich seinen Entscheidungen fügen muß, so hat er gewiß dieselbe innere Auktorität wie jene.

Der Verfasser der als Manuscript gedruckten Broschüre scheint viel Gewicht darauf zu legen, daß der hl. Leo in Betreff der Angelegenheit des Eutyches an das Concil geschrieben, der Kaiser wolle, daß ein Concil von Bischöfen gehalten werde, **damit** jeder Irrthum durch einen vollgültigen Urtheilsspruch ausgerottet werden könne." (S. 26.) In welchem Sinne man das Urtheil eines Concils vollgültiger nennen könne, ist leicht einzusehen. Jeder Zweifel, wenn ein solcher noch obwalten könnte, wird gehoben durch folgenden Brief desselben Leo an den Kaiser Theodosius:[2]) „Obgleich Eutyches, wie aus den Akten der von den Bischöfen gepflogenen Verhand**lungen hervorgeht,** durch seine Unwissenheit und Unklugheit in Irrthum verstrickt ist, und seine Ansicht, **die** mit Recht verworfen wird, aufgeben sollte, so habe ich doch, weil deine Liebe, welche zur Ehre Gottes die katholische Wahrheit aufrichtig liebt, ein Synodalurtheil veranlaßt hat, auf daß dem unwissenden Greise die Wahrheit, welche ihm allzu nebelhaft ist, einleuchtend werde, so habe ich meine Brüder, den Bischof Julius **und** den Priester Renatus und **meinen Sohn,** den Diacon Hilarius als meine Stellvertreter **gesandt** ... Was **aber** die ganze katholische Kirche

---

[1]) S. Leo epist. 120. **cap. 1.**   [2]) Mansi, tom. V. pag. 1391.

von dem Geheimnisse der Menschwerdung des Herrn glaubt und lehrt, das ist in dem Briefe enthalten, den ich an meinen Bruder und Mitbischof Flavian geschrieben habe."

Wenn der Verfasser der als Manuscript gedruckten Broschüre diese Worte des hl. Leo erwogen hätte, so würde er gewiß ohne Mühe eingesehen haben, wie wenig sagend das Argument sei, welches er daher zu entnehmen sucht, daß dieselbe Sache noch einmal in einem Concil verhandelt wurde, und wie vergeblich die Mühe sei, die er sich gibt, um den Worten des hl. Leo, welche für die höchste und unfehlbare Lehrautorität des hl. Stuhles sprechen, mit Gewalt einen andern Sinn zu geben. Es handelte sich darum, „einen unwissenden Greis zu überführen, welchem eine Wahrheit allzu nebelhaft war", und der sowohl durch das Zeugniß des Alterthums, als auch durch die Lehre der Bischöfe, besonders aber durch den Brief des heil. Leo schon längst hätte überführt werden können und sollen. Aber auch hier ist dem Verfasser widerfahren, was ihm, wie wir sahen, anderswo widerfahren ist. Er wirft nämlich selbst dasjenige über den Haufen, was er mit großer Mühe aufgebaut hatte. Nachdem er nämlich jene Worte angeführt, welche der heil. Leo Christo dem Herrn in den Mund legt: „Aber auch du bist ein Fels, weil du durch meine Kraft gefestigt wirst, damit du mit mir durch Antheilnahme das gemein habest, was mir durch meine Macht eigen ist" (S. 28), fährt er so fort: „Diese Worte sind von Petrus zu verstehen als dem mit den Gliedern verbundenen Haupte; von Petrus, insofern in ihm als der Spitze und dem Haupte das ganze Collegium der Apostel enthalten und einbegriffen war." Wenn aber das ganze Collegium der Apostel in Petrus enthalten und einbegriffen ist, so kann Petrus für sich allein dasjenige, was mit ihm das ganze Collegium der Apostel kann. In seiner Theorie von der kirchlichen Gewalt bleibt sich der Verfasser zu wenig consequent. Die Schuld mag mehr die Theorie als der Verfasser tragen.

Der Verfasser der „Bemerkungen" gibt sich auch vergebliche Mühe, den berühmten Ausspruch des hl. Augustinus abzuschwächen: „Ueber diese Frage sind bereits die Akten von zwei Concilien an den Apostolischen Stuhl gesandt worden. Von da kam auch die Antwort; die Sache ist erledigt; möchte doch endlich auch der Irrthum aufhören." [1]) Nicht von dem offenbaren

---

[1]) Sermo 132. n. 10. Der Verfasser der Broschüre „de Summi Pontificis infallibilitate" schreibt, um dieses Zeugniß zu entkräften so: Während Augustinus sagt: „Roma locuta est, causa finita est," spricht er von einer Sache, welche die Bischöfe richterlich entschieden und dem Papste zur Genehmigung gesandt hatten." Er scheint also zuzugeben,

Widerspruche, in welchem der **Irrthum** zu dem katholischen Glauben stand, sondern von **der Gewalt** des Apostolischen Stuhles in Glaubenssachen **zu entscheiden, nahm der hl.** Kirchenlehrer sein **Argument**; und wer möchte behaupten, die so verwickelten Fragen über die Gnade, welche die Pelagianer aufwarfen, hätten nur solche Irrthümer enthalten, die Alle sofort als solche erkannten? Wenn übrigens die Augenfälligkeit des Irrthums das Ansehen des Papstes weniger hervortreten läßt, ward dann nicht auch das Ansehen des Concils von Chalcedon vermindert, welches, wie der hl. Leo nicht bloß einmal sagt, in einer offenbaren und durchaus nicht zweifelhaften Sache gegen den Eutyches sein Urtheil sprach?

Der heil. Cyprians legt seine Ansicht über die Lehrgewalt des Römischen Stuhles klar genug dar, wenn er schreibt:[1] „Nach Allem **diesen** lassen sie sich einen Afterbischof von den Ketzern aufdrängen und wagen dann, sich **an den** Stuhl Petri und an die Hauptkirche zu wenden, von der die priesterliche Einheit ihren Ausgang genommen hat; sie wagen **es, von** von Schismatikern und Abtrünnigen Empfehlungsschreiben anzunehmen, **und** bedenken nicht, daß die Römer **den** Vorzug haben, daß ihr Glaube von dem Apostel **als** ein solcher **gepriesen wurde, zu welchem** der Irrthum keinen **Zutritt** haben könne.

4. Nicht wenige **Mühe** macht dem Verfasser auch **der Gehorsam,** den man den Entscheidungen **der Päpste gezollt** hat **und zollen muß.** Er behauptet nämlich (S. 23): „Daraus **aber, daß man die** Entscheidungen der Päpste in Sachen **des Glaubens** und der Sitten nicht für unfehlbar hielte, folgt durchaus nicht, daß ihnen die Kraft gefehlt habe, sich bereitwillige Zustimmung zu erwirken." Eine bereitwillige Zustimmung, die **man** der Auktorität des Papstes in Sachen des Glaubens zollt, ist ohne Zweifel für eine gläubige Zustimmung (assensus fidei) zu halten. „Es fehlte, **sagt er,** so vielen Particular-Concilien, welche zur Zeit des Augustinus **den** wahren Glauben durch ihre Decrete erklärten und vertheidigten, nicht an Ansehen." Particular-Concilien sind bisweilen vom Glauben abgewichen; das verschlug deßhalb nichts, weil sie mit ihrem Irrthum nicht die ganze Kirche ansteckten, **der** Christus verheißen hatte, daß ihr Glaube nicht aufhören werde. Was aber wäre geschehen, wenn in den Decreten des Papstes, die gewiß nicht bloß den Occident **betrafen,** und nach dem

---

daß der Papst unfehlbar sei, wenn er die Beschlüsse eines Particularconcils bestätigt. Wenn dem so ist, **so** gibt er wirklich **viel,** ja wenn man die Sache an sich betrachtet, Alles das zu, was er mit seiner Broschüre bestreiten wollte.

[1] Epist. 55. (al. 54.) ad Cornel.

Zeugnisse der Geschichte nicht bloß für den Occident gegeben wurden, ein Irrthum hätte sein können? Würden sie nicht, wenigstens was die Thatsache anbetrifft, die ganze Kirche mit ihrem Irrthume angesteckt haben, da der Verfasser behauptet, aus seiner Lehre „folge durchaus nicht, daß dieselben die Kraft nicht gehabt hätten, bereitwillige Zustimmung für sich zu gewinnen." Es nützt ihm auch nichts, daß er, um das Ansehen des Papstes in Glaubensfragen zu schwächen, ebendaselbst beifügt: „die Päpste hätten die Gewohnheit gehabt, in wichtigern Geschäften keine Entscheidung zu treffen, ohne ein Concil gehalten zu haben." Solche Concilien waren Particularconcilien; aus ihnen also konnte jenes Ansehen nicht stammen, welches die Gemüther Aller „zur willigen Beistimmung bewog".

Es ist wirklich zu bedauern, daß der Verfasser der „Bemerkungen" nicht den zuverlässigen Grundsatz vor Augen zu halten pflegt, daß der Kirche von Gott die Zusage gegeben worden, sie solle nie vom wahren Glauben abweichen und nie den Irrthum statt der Wahrheit umfassen; er würde sonst leichter eingesehen haben, daß alle Schwierigkeiten, welche er gegen die Unfehlbarkeit des Apostolischen Stuhles in Glaubenssachen vorbringt, nur von geringer Bedeutung sind.

V.
Die Päpste als Vertheidiger des Concils von Chalcedon.

1. Was der Verfasser der Formel des Papstes Hormisdas zuschreibt. — 2. Was in dieser Formel über das Recht gesagt wird, das läßt der Verfasser weg; was von der Thatsache gesagt wird, das schwächt er in doppelter Weise ab. — 3. Das Ungenügende seiner Erklärung wird mannigfach dargethan, auch durch die Widersprüche, in welche er sich verwickelt. — 4. Kraftlosigkeit der Gründe, die der Verfasser für seine Interpretation anführt. — 5. Die Unterscheidung zwischen dem Stuhl und dem Inhaber desselben, wobei der Verfasser auch die Schrift „Von der Unfehlbarkeit des Papstes" zu Hülfe ruft. In welchem Sinne gilt jene Unterscheidung, in welchem nicht? — 6. Die Zustimmung der Bischöfe kommt zu den Entscheidungen des Papstes hinzu, aber nicht dadurch werden dieselben unumstößlich.

1. Unter dieser Ueberschrift beginnt der Verfasser der „Bemerkungen" die Erörterung, worin er sich bemüht, das stärkste Argument zu entkräften, welches die Theologen aus jener so berühmten Formel des Papstes Hormisdas zu entnehmen pflegen. Es ist das die Formel, welche Hormisdas den orientalischen Bischöfen, die in das Acacianische Schisma verwickelt waren, zur Unterzeichnung vorlegte, und welche wirklich von allen Bischöfen

des Orients, ja welche, und das darf nicht übersehen werden, sowohl von den griechischen **als** auch von den lateinischen Bischöfen **in** der VIII. Synode unterzeichnet worden ist.¹)

Dieses feierliche, durch die Beistimmung eines öcumenischen Concils bekräftigte Dokument glaubt der Verfasser also fassen zu sollen: „Doch es glauben Einige aus zuverlässigen Dokumenten beweisen zu können, daß schon im sechsten Jahrhunderte die Unfehlbarkeit des Nachfolgers des heil. Petrus **von** der gesammten griechischen Kirche anerkannt worden sei; denn das liege, so meinen sie, in der Erklärung, welche die Bischöfe der orientalischen Patriarchate dem Papste Hormisdas abgaben, um zur Gemeinschaft mit der Römischen Kirche zugelassen zu werden. Das ist ein glorreicher Sieg des heiligen Stuhles über Häresie und Schisma . . . . darin liegt ein gewichtiges Beweismittel zu Gunsten der Rechte des Papstes: doch um dessen Unfehlbarkeit zu beweisen, läßt sich daraus nichts beibringen." (S. 24.)

2. Damit nun um so klarer werde, ob die Behauptungen des Verfassers wahr oder falsch seien, und damit zugleich einleuchte, ob besagte Formel blos das Concil von Chalcedon betreffe, wie obige Ueberschrift vermuthen läßt; so lassen wir aus **jener** Formel Stellen folgen, die zur Beleuchtung unseres Gegenstandes **dienen**. „Das erste, was unser **Heil** fordert, ist, die Richtschnur des rechten Glaubens **zu bewahren und in keiner** Weise von den Beschlüssen **der Väter** abzuweichen. **Und weil der** Ausspruch unsers Herrn **Jesu** Christi nicht darf übersehen werden, **der da** sagt: Du **bist** Petrus u. s. w. Diese Worte erhalten ihre Bestätigung durch die Geschichte; denn **auf dem** Apostolischen Stuhle hat sich der Glaube stets unbefleckt erhalten. Und weil wir an dieser Verheißung und an diesem Glauben festhalten **wollen**, andererseits aber in Allem den Bestimmungen der Väter **folgen**, so anathematisiren wir alle Häretiker, besonders den Häretiker Nestorius . . . Eutyches . . . Darum nehmen wir auch an und genehmigen insgesammt alle Briefe des Papstes Leo, die er in Betreff der christlichen Religion schrieb. Indem wir also, wie gesagt, in Allem dem apostolischen Stuhle folgen und allen seinen Bestimmungen Ausdruck verleihen, hoffen **wir** würdig zu sein, mit Euch in der einen Glaubensgemeinschaft zu stehen; denn darin liegt ja die ganze ungeschwächte Unerschütterlichkeit der wahren christlichen Religion. Wir versprechen auch, **die** Namen derer, welche von der

---

¹) Es thut nichts zur Sache, **daß in den griechischen Acten des** VIII **Concils der erste und** letzte Theil, **der auf den römischen Stuhl Bezug hat**, heute nicht mehr zu finden ist. Daß diese Theile unterschlagen worden seien, bezeugt der Bibliothekar Anastasius, der beim Concil gewesen. Labbe, tom. X. pag. 498.

Gemeinschaft der katholischen Kirche ausgeschieden sind, d. h. die mit dem apostolischen Stuhle nicht übereinstimmen, bei der Feier der heiligen Geheimnisse nicht nennen zu lassen."

Wie verfährt unser Verfasser bei Erklärung dieser Formel? Er vernachlässigt gänzlich die Stelle „und weil nicht darf übersehen werden der Ausspruch u. s. w.," berücksichtigt nur das Folgende: „Diese Worte erhalten ihre Bestätigung durch die Geschichte" u. s. w., und fährt dann alsogleich weiter: „Dieses ist schon zu Zeiten des Arianischen Streites durch unzweifelhafte Thatsachen erwiesen worden." (S. 27.)

Die so feierliche Aussage, welche, indem sie zuerst Christi Verheißung ausspricht, das Recht darthut, und indem sie die erfolgten Wirkungen erwähnt, das Recht selbst durch die Thatsache erhärtet, sucht somit unser Verfasser mit Gewalt auf die bloße Thatsache zu beziehen und sagt von dem Rechte auch nicht ein Wort.

Noch mehr, diese Thatsache selbst sucht er in doppelter Weise abzuschwächen. Vorerst adoptirt er stillschweigend die gallikanische Unterscheidung zwischen dem Stuhl und dem Inhaber desselben, oder den einzelnen Päpsten und ihre ganze Reihe und sagt: „den Liberius brachen die Mühseligkeiten der Verbannung; die römische Kirche jedoch behielt den Nicänischen Glauben unversehrt, und er selbst legte vor seinem Tode die Gesinnungen seines Herzens auch den orientalischen Bischöfen offen dar." Um dann an die Stelle der Auctorität der Römischen Kirche oder der Päpste die allgemeine Uebereinstimmung zu setzen und folglich erstere herabzudrücken, fährt er also fort: „Indessen ist es gut sich daran zu erinnern, daß es sich bei jenen stürmischen Bewegungen wie bei der Wiederherstellung der Gemeinschaft um die Definition von Chalcedon, also um eine Lehre handelte, welche auf die offenbare Uebereinstimmung der ganzen Kirche sich gründete."

Auch die Kraft des letzten Theiles der Formel „Indem wir also in Allem dem Apostolischen Stuhle folgen" möchte er entkräften und fügt erläuternd bei: „Es ist offenkundig, daß diese Worte sich vorzugsweise auf die Lehre von der Menschwerdung beziehen, wegen welcher einen Lehre die griechische Kirche seit 70 Jahren durch so viele gewaltige Stürme erschüttert wurde. Gern gibt man zu, daß die übrigen Wahrheiten des katholischen Glaubens nicht ausgeschlossen werden. Doch es liefe gänzlich der Wahrheit zuwider, wollte man behaupten, die Griechen hätten sich verbindlich gemacht, in Zukunft bei Ausbruch einer Streitigkeit in Glaubenssachen sich um die Uebereinstimmung der Kirchen nicht zu kümmern (!!), sondern den Römischen Papst als den höchsten und unfehlbaren Richter anzuerkennen." (S. 28.)

3. Wenn es gestattet ist, diese Glaubensformel **auf die reine Thatsache und blos auf die Vergangenheit zu beschränken**, so ist überhaupt kein Dekret irgend **eines Concils** gesichert. Ausdrücklich wird ja in dieser Formel der **erste** Grund, warum man in Glaubensfragen an das Urtheil **des Römischen Stuhles** sich wenden müsse, aus der Verheißung Christi hergenommen: „Weil der Ausspruch unsers Herrn ... **nicht** darf übersehen **werden**" u. s. w. Und eine Behauptung oder Unterstellung, wie folgende, **man läugne das Recht eben dadurch, daß man dem Rechte die Thatsache beifügt, kann nur** der zu Stande bringen, welchem auch der Schluß möglich war: daraus, daß die Uebereinstimmung der Kirche ein Weg zur Erforschung der Wahrheit ist, folge, daß es außer diesem keinen andern gebe.

Aber es ist dem Verfasser früher schon mehr denn einmal widerfahren, daß er mit den Prinzipien, welche er anfangs aufstellte, in Widerspruch gerieth; **dasselbe ist** ihm **auch hier** widerfahren. Weil er es doch **nicht** wagte, **die** bei den Katholiken **so hochgeehrte Formel um all ihre Kraft zu bringen**, so gestand er sogar großmüthig beim Beginn der Erläuterung derselben: „sie (diese Formel) hat zu Gunsten päpstlicher Rechte eine große Beweiskraft." (S. 24.) Also handelt diese Formel doch von Rechten, nicht blos von Thatsachen? Aber beziehen sich die Rechte, welche Christus dem Petrus gegeben, nur auf die Vergangenheit, oder auch auf die **Zukunft**? er hatte **wohl gesehen**, daß diese Formel den Primat des Römischen Oberhirten ausspreche, der Primat aber sich nicht auf die Vergangenheit **allein** beschränken lasse. Wir haben schon früher darauf aufmerksam gemacht, **wie schwer es sei**, sich zu den bei den Katholiken feststehenden Prinzipien zu bekennen **und** die Unfehlbarkeit des Römischen Papstes **in** Glaubensbestimmungen doch nicht anzunehmen. Nein, weder die Griechen, noch die gesammte **Kirche waren** der Ansicht, daß jene Formel nur von einer Thatsache oder **blos von der** bis zu Papst Hormisdas verflossenen Zeit handle; das trat **am klarsten zu Tage, als** diese Formel im VIII. ökumenischen Concil erneuert wurde, wobei man statt des Nestorius und Eutyches die Namen des **Photius** und anderer Häretiker neuerer Zeitrechnung einfügte.

4. Was thut nun unser Verfasser um der Formel des Hormisdas all ihre Kraft zu benehmen? Er behauptet: **es läuft gänzlich der Wahrheit zuwider**, die Griechen hätten sich verbindlich gemacht, **in** Zukunft bei Ausbruch einer Streitigkeit in Glaubenssachen **sich um die Uebereinstimmung der Kirchen nicht zu kümmern** (!!) sondern den Römischen Papst als den **höchsten** und **unfehlbaren** Richter anzuerkennen. Gewiß, Hormisdas hat daran nicht einmal gedacht, und dem heiligen Stuhle nichts anderes vin-

dicirt, als Gelasius." (S. 28.) Warum sollen Hormisdas und die Griechen an das nicht gedacht haben, was doch die Worte der Formel klar enthalten? was der Grund selbst, weßhalb sie die Gemeinschaft mit der Römischen Kirche begehrten, durchaus verlangte, indem sie nämlich „mit Hülfe der Römischen Päpste den Glauben unversehrt erhalten wollten?" was das VIII. ökumenische Concil zu demselben Zwecke für zeitgemäß erachtete?

Aber der Papst Hormisdas „vindicirte dem heiligen Stuhle nichts Anderes als Gelasius." Was vindicirte ihm denn Papst Gelasius? Mit den gewichtigsten Ausdrücken wahrte er dem Papste den Primat über die gesammte Kirche. Aber der Verfasser der „Bemerkungen" hatte aus einigen Aeußerungen des Gelasius den Schluß gezogen, „dem Römischen Stuhle liege es vor allen Andern ob, „die Bestimmungen der Synoden, die durch Beistimmung der gesammten Kirche genehmigt worden sind, in Ausführung zu bringen und zu überwachen." (S. 26.)

Zweifelsohne werden die Päpste die Glaubensdekrete, welche mit ihrer Bestätigung erlassen worden, auch zu wahren suchen; denn (diesen Grund hatte Gelasius gleich am Anfang seines Briefes angeführt) „sie sehen in ihrer Klugheit voraus, daß, wofern man durch Dekrete heilsam erledigte Fragen wiederum auf's Tapet bringen dürfte, gar kein Erlaß der Kirche gegen die einzelnen Irrthümer Bestand und Dauer hätte, sondern daß jede nach allen Formen erlassene Definition immer neuen Stürmen der Leidenschaft ausgesetzt werde." [1]

Wollte einer aus der erwähnten Beistimmung folgern, die Beistimmung der ganzen Kirche d. h. aller Gläubigen gebe erst den Concilien ihre volle Kraft, so würde der offenbar die Hirten den Schafen unterwerfen, er würde nach dem Ausdruck der Philosophen den Grund des Seins mit dem des Erkennens verwechseln. Daraus, daß die Gesammtkirche ein Concil als ökumenisch anerkennt — jedoch nicht daraus allein — wird die Auctorität des Concils erkannt; durch die Bestätigung des Papstes aber, die zu den Dekreten hinzukömmt, wird deren Auctorität zuerst in ihrem Wesen begründet. Welches die Auffassung des Gelasius war, zeigt uns folgende Stelle desselben Briefes: „Denn so wie das nicht bestehen konnte, was der erste Stuhl nicht genehmigte, so nahm die ganze Kirche dasjenige an, was er zu entscheiden für gut fand.[2] Daß Hormisdas den Orientalen eine „Glaubensregel" vorschreiben wollte, und daß er unter der Glaubensregel nicht blos den von der Chalcedonensischen Synode aufgestellten Glauben, sondern,

---

[1] Mansi, tom. VIII. pag. 50. [2] Ebend. pag. 55.

wie auch aus der bloßen Satzverbindung hervorgeht, „den apostolischen Stuhl" verstehe, das geht klar aus der Geschichte jener stürmischen Zeiten, wie diese selbst von unserm Verfasser erzählt wird, hervor. Er belehrt uns, eine Folge jener Stürme sei gewesen, „daß außer Illyrien, welches zum Römischen Patriarchate gehörte, alle Kirchen des orientalischen Reiches von der Gemeinschaft mit dem heiligen Stuhl sich getrennt hätten." (S. 25.) Es handelte sich nicht blos um eine Häresie, sondern sogar um ein offenes Schisma. Weiter heißt es, „da es nicht an Solchen fehlte, welche klagten, daß man ohne hinreichenden Grund die Kirche dermaßen zerrissen habe, darum schrieb Gelasius I. einen Brief an die Bischöfe Dardaniens und legte genau die Grundsätze auseinander, welche der heilige Stuhl bei Verurtheilung des Acacius befolgt habe; (in diesem Briefe spricht er auch von den Rechten des Primates). Justinus I. hob das Henotikon auf. Indeß waren fast alle bischöflichen Stühle von Männern besetzt, die sich zum Henotikon bekannt hatten, und das katholische Volk sah ein, daß es zur Reinerhaltung seines bisherigen Glaubens der Hülfe der Päpste bedürfe; daher forderte es nicht ohne Aufregung, daß die Gemeinschaft mit dem apostolischen Stuhle sobald als möglich wieder hergestellt werde." (S. 26. 27.) Was liegt nun näher als der Schluß, daß Hormisdas, um den Wünschen der Katholiken zu genügen, eine Formel vorgelegt habe, in der es sich um die oberste Auctorität des Römischen Stuhles handelte, der sich Alle zu unterwerfen hätten, und in der somit ausgesprochen werde, die Richtschnur, „deren sie zur Reinerhaltung des Glaubens bedürftig waren," sei eben der Römische Stuhl? Der Verfasser aber beschränkt Alles nur auf die Thatsache und auf die Vergangenheit, und behauptet somit stillschweigend, es sei dem katholischen Volk, das doch gewiß nicht für die Vergangenheit, sondern für die Gegenwart und Zukunft im Römischen Stuhle seinen Schutz gesucht hatte, nicht entsprochen worden. Beim Beginn dieser Erörterung hat er behauptet, es lasse sich das Glaubensbekenntniß, welches die Griechen auf die Formel des Hormisdas abgelegt, nicht richtig beurtheilen, „wenn man nicht die Gründe, welche die Griechen dazu vermocht, ins Auge fasse." (S. 24.) Gut, wir haben sie ins Auge gefaßt, und sehen nun noch viel klarer, daß es sich um die Zustimmung handelt, welche Alle den Glaubensbeschlüssen des Papstes entgegen zu bringen haben.

Somit wird die Bedeutsamkeit der Formel in nichts durch den Umstand geschwächt, den, wie der Auktor wünscht, wir nicht übersehen dürfen, daß es sich bei jenen Wirren und Kämpfen um eine Wahrheit, die schon im Concil von Chalcedon definirt worden, und somit um eine Lehre, die durch die Uebereinstimmung der gesammten Kirche festgestellt war, handelt. Wäre die Sache Allen so klar und einleuchtend gewesen, woher dann jene Wirren und Kämpfe? Nein, die Uebereinstimmung der Kirche, wie sie sich auf dem Concil von Chalcedon aussprach, genügte nicht, um Frieden zu schaffen; darum appellirte man an die Auktorität des Römischen Stuhles, dieser lebendigen und beständigen Glaubensregel. War denn nicht auch die Gottheit Christi durch die Uebereinstimmung der ganzen Kirche, ja selbst durch das apostolische Glaubensbekenntniß schon vor dem ersten Concil von Nicäa festgestellt worden? Verliert dieses Concil deßhalb an Ansehen, weil es eine Wahrheit behandelte, die die Ueberzeugung der gesammten Kirche vorher schon festgehalten und sicher gestellt hatte?

Nun sieht man auch ein, warum dieselbe Formel, welche ein Mittel gegen das Acacianische Schisma und „zur Reinerhaltung des Glaubens" sein sollte, im VIII. ökumenischen Concil auf's Neue vorgelegt wurde, nämlich zur Hebung des Photianischen Schisma und „zur Reinerhaltung des Glaubens." Zugleich ersieht man, warum die Kirche, wo es sich nicht um ein offenbares Schisma, sondern nur um eine Häresie handelte, in ihren Glaubensformeln „die Glaubensregel" oder die oberste Lehrgewalt, die dem Apostolischen Stuhl zukömmt, nicht erwähnte.

Wäre schließlich die aufgestellte Behauptung wahr, daß Hormisdas dem Römischen Stuhle nichts Anderes vindicire, als was ihm auch Gelasius vindicirte, so wäre selbst das nicht wenig. Wir haben bereits seine Ansicht über das vorläufige Urtheil des obersten Stuhles angeführt, welchem die ganze Kirche beipflichtete; er schreibt aber darüber weiter: „Auch das wollen wir nicht übergehen, wie der Apostolische Stuhl oft, wie gesagt, nach dem Beispiel der Vorgänger das Recht hatte, auch ohne vorhergehende Synode Diejenigen freizusprechen, welche eine Synode mit Unrecht verurtheilt hatte, und auch ohne Synode Jene zu verurtheilen, welche sie verurtheilen zu müssen glaubte. So zum Beispiel gegen den Athanasius, sel. Andenkens sprach sich die orientalische Synode aus, und desselben nahm der Apostolische Stuhl sich an, und sprach ihn frei, weil er dem Verwerfungsurtheile der Griechen nicht beistimmen konnte." Noch andere Beispiele führt er an, in denen es sich offenbar ebenfalls um Glaubensfragen handelte.[1])

5. Wo der Verfasser nach Anführung jener Worte „auf dem apostolischen Stuhle wurde der Glaube immer unverfälscht bewahrt" den Fall des Liberius bespricht, den er als gewiß anführt, der aber wie Alle wissen, nichts

---

[1]) Mansi, tom. VIII. pag. 54.

weniger als gewiß ist, läßt er genugsam durchblicken, es handle sich hier um die Unterscheidung zwischen dem Stuhle und dem Inhaber desselben, und es sei dem Römischen Stuhle, nicht aber den einzelnen Päpsten Unwandelbarkeit oder Unfehlbarkeit in Verkündung des wahren Glaubens beizulegen. Es ist dies die berühmte Unterscheidung der Gallikaner. Wohl begegnet uns bei den Alten die Unterscheidung zwischen Stuhl und Papst; aber sie hat nur den Zweck, entweder die Niedrigkeit der Persönlichkeit, die dem Petrus folgte gegenüber der Erhabenheit des Amtes hervorzuheben, oder die ununterbrochene Fortdauer der Nachfolge bei vorkommendem Absterben zu erweisen. Nirgends aber lehren sie, daß der Stuhl, nicht aber der Inhaber, in seiner Lehre von Irrthum frei sei. So etwas konnten sie auch nicht behaupten, denn dann wäre die Reinerhaltung des kirchlichen Glaubens unmöglich.

Jene Unterscheidung zwischen Stuhl und Inhaber gilt auch dem Verfasser der Broschüre „die Unfehlbarkeit des Papstes" als das sicherste Bollwerk, er schreibt: „man kann ohne alle Furcht die Vertheidiger der päpstlichen Unfehlbarkeit herausfordern, sie möchten Stellen anführen, welche die Unfehlbarkeit, die von dem Stuhle gilt, auch jedem einzelnen Papste zuerkennen, wenn er allein etwas definirt." (S. 18.) Als ob in den Fällen, wo die Väter ohne alle Einschränkung reden, nicht jener den Beweis zu liefern habe, welcher eine Beschränkung und Bedingung hinzufügt, sondern derjenige, welcher die Worte nach ihrem zunächstliegenden Sinne auffaßt. Oder könnte denn Einer nicht ebenso gut behaupten, es sei zwar nach den Zeugnissen der Väter, nach dem Schreiben des Papstes Gelasius und nach der Formel des Hormisdas ganz klar, daß der Römischen Kirche und dem Apostolischen Stuhle der Primat zukomme, doch müsse durchaus nachgewiesen werden, daß deren Worte auch von jedem einzelnen Papst gelten und zwar dann, wenn er allein Jemanden von der Gemeinschaft der Kirche ausscheidet.

6. Sonderbar klingt auch die weitere Aufforderung jenes Auctors „Stellen anzuführen, welche besagen, daß wenn ein Papst unfehlbare Entscheidungen gegeben, diese gegeben worden oder gegeben werden ohne vorläufige oder nachfolgende Beistimmung der Bischöfe oder Concilien." Ohne nachfolgende Beistimmung! Gewiß geben die Aufgeforderten gern zu, ja sie behaupten, daß die Zustimmung der Bischöfe oder Concilien stets nachfolgte, und eben nachfolgte, weil sie nachfolgen mußte. Gesteht ja der Verfasser selbst (S. 4), daß man zu einem Glaubensacte verpflichtet sei, wenn der Papst etwas für geoffenbarte Lehre erklärt. Und daher geben Bischöfe und Concilien solchen Decreten stets ihre Zustimmung. Dabei ist wohl

zu bemerken, daß **nicht kraft dieser hinzutretenden Beistimmung,** sondern kraft der dem Papste eigenen **Auctorität** solche Decrete einerseits den Gehorsam der Gläubigen für sich beanspruchen, und andererseits auch in sich keiner Berichtigung bedürftig und keinem Irrthum ausgesetzt seien. Daraus geht denn auch hervor, wie unbegründet die Behauptung ist, in Folge dieser Lehre würden die Glieder vom Haupte losgetrennt; sie werden nicht losgetrennt, weil sie verpflichtet sind dem Haupte beizustimmen und sie solches in der That auch thun.

VI.
Der Dreikapitelstreit.

1. Folgerung des Verfassers aus der Verwirrung des Streites. — 2. Der Streit dreht sich um die Personen, nicht um den Glauben. — 3. Wenn die päpstliche Unfehlbarkeit durch die Hartnäckigkeit einiger Köpfe ungewiß wird, so wird dadurch auch die Unfehlbarkeit eines ökumenischen Concils ungewiß, ebenso der Primat. Was Petrus de Marca darüber sage — 4. Kluges Verfahren des Papstes Pelagius I. — 5. Meinung des heil. Columban über die Verleumder des hl. Stuhles.

1. Bekannt ist die Streitfrage in Betreff der „drei Kapitel". Es verlangten die Orientalen, daß man Theodor von Mopvestia, Theodoret und Ibas verurtheile, was die Versammlung von Chalcedon nicht gewollt hatte. Die Abendländer fürchteten Betrug und Gefährdung des Chalcedonischen Glaubens selbst und widerstrebten der Verurtheilung. Vigilius, gedrängt durch Kaiser Justinian, verurtheilte die „drei Kapitel" durch sein „Judicatum". Bald bewegten ihn die Stürme, welche sein Dekret veranlaßte, zum „Constitutum", worin er die Irrthümer verwarf, aber von Verurtheilung der Persönlichkeiten selbst abstand und Gleiches auch von Andern verlangte.

Die griechischen Bischöfe versammelten sich auf Befehl Justinians I. zur V. Synode, der II. von Constantinopel. Papst Vigilius wollte weder persönlich noch mittelst Legaten zugegen sein. Die Bischöfe, unbekümmert um dieses Verbot des Papstes, fällten ihr Urtheil über die drei Kapitel. Vigilius zeigte sich damit nicht einverstanden, bis er endlich in der Verbannung seinen Sinn änderte und die Akten der V. Synode bestätigte. Sein Verfahren erregte bei den Abendländern große Bewegung; viele fielen ab von der Gemeinschaft mit dem Papste, weil sie irrthümlich wähnten, der Glaube von Chalcedon sei verletzt. Und so kömmt der Verfasser der „Bemerkungen" zu

dem Schlusse, damals **hätten weder** die Griechen noch die Lateiner **die Ueber=
zeugung** gehabt, daß der Papst in Glaubensbestimmungen unfehlbar **sei.**

2. Gehen wir auf die Sache selbst ein, so finden wir, daß **es** sich
nur um die Personen, nicht um den Glauben handelte. Denn in diesem
Sinne schreibt der hl. Gregor der Große, ein späterer Nachfolger des Vigi=
lius auf dem päpstlichen Stuhle, an Constantinus, Bischof von Mailand:
„Was aber jene Synode betrifft, welche nachher in Constantinopel gehalten
wurde, und von Vielen **die fünfte genannt** wird, so sollet ihr wissen, daß
sie gegen die 4 heiligen Synoden nichts bestimmt **oder** ausgesprochen hat;
denn **es** handelte sich **in** jener blos um die Persönlichkeiten, aber gar nicht
um den Glauben, und zwar um die Persönlichkeiten, worüber die Akten
des Concils von Chalcedon nichts enthalten, da erst nach Aufstellung der
Canones in Betreff derselben eine Discussion und **noch** eine letzte Verhand=
lung gepflogen wurde." [1]

In der That handelte es sich nur um das Eine, ob es zuträglich sei,
durch einen feierlichen Urtheilsspruch die Verfasser oder deren Schriften zu
verdammen. Das war eine Frage der Klugheit und der kirchlichen Disciplin,
da in Betreff der Lehre selbst keine Controverse obschwebte. Wenn nun zu
verschiedenen Zeiten gewichtige Gründe dafür und dagegen sich geltend mach=
ten, so darf man sich nicht wundern, daß Vigilius zu verschiedenen Zeiten
ein verschiedenes Verfahren eingehalten hat. Darf man sofort denjenigen
des Irrthums zeihen, welcher eine irrige Ansicht **an** sich zwar für verwerf=
lich hält, doch wegen Nichtzeitgemäßheit dieselbe nicht feierlich verurtheilen
will, oder der eine Lehre, die er selbst für gewiß erklärt, aus demselben
Grunde der Unzeitgemäßheit nicht feierlich als solche erklären zu müssen
glaubt? Freilich gegen die Päpste darf man ein Maß und Gewicht brauchen,
welches man zur Beurtheilung der Handlungen und Schriften jedes beliebigen
andern Menschen nicht anwenden könnte, ohne daß ein jeder über Verletzung
von Recht und Billigkeit Klage erheben würde! Auch ist es irrig, wenn der
Verfasser der als Manuscript gedruckten Broschüre behauptet (S. 30), es
handle sich hier um ein sogenanntes „factum dogmaticum", weil, wie schon
gesagt, es gar nicht Streitfrage war, ob jene Schriften in sich rechtgläubig
seien oder nicht. Papst Vigilius bestätigte, was die Väter von Chalcedon
ausgesprochen hatten. Diese aber bestätigten nicht die Lehre jener drei
Kapitel, sondern sie anerkannten den Theodoret und Ibas als rechtgläubig,
nachdem diese ihre Auffassung erklärt, und die katholische Lehre

---

[1] Labbe, tom. VI. pag. 875.

bekannt hatten. Es hat der Verfasser auch gar keinen Erweis dafür beigebracht, daß Vigilius den **Brief des Jbas** für rechtgläubig in sich erklärt habe, d. h. für rechtgläubig, abgesehen **von der** rechtgläubigen Erklärung seiner Auffassung und **von** seinem Glaubensbekenntniß, derentwegen die Väter von Chalcedon auch den Jbas selbst nicht verurtheilt hatten. Daß dem so sei, geht offen hervor aus dem „Constitutum" des Vigilius, worin es heißt: „Da wir uns in Allem an die Vorschriften und das Urtheil der hl. Väter halten, und alle unsere Anordnungen treffen, wie wir es als dem Urtheil des Concils von Chalcedon gemäß dargelegt haben, so wird es mehr als wahrscheinlich, daß unsere Väter von Chalcedon nach Kenntnißnahme des ganz richtigen und ganz frommen Sinnes, welcher in den Ausdrücken des Briefes des ehrwürdigen Jbas enthalten ist, und nachdem sie aus dem Munde des Bischofes Jbas selbst über dessen Ansicht und Meinung in's Reine gekommen, mit Fug und Recht des ehrwürdigen Bischofes Jbas' Rechtgläubigkeit laut ausgesprochen, sowie daß er sich von dem über den sel. Cyrillus ausgesprochenen Tadel, den sie aus unböswilligem Mißverständniß entsprungen erkannten, durch hinreichende Erklärung gereinigt habe. In Anbetracht alles dessen bestimmen und beschließen wir kraft dieser unserer Erklärung, daß das Urtheil der Väter von Chalcedon wie in allen Punkten, so auch in Betreff des oft erwähnten Briefes des ehrw. Jbas unverletzt bestehen bleibe."[1] — Es ist nun klar, wie ungenau der Verfasser der a's Manuscript gedruckten Broschüre die Sachlage darstellt, wenn er sagt: „Da Vigilius glaubte, die Väter von Chalcedon hätten den Brief des Jbas in vollständig richtigem und frommem Sinne aufgefaßt und für orthodox erklärt, so entscheidet er in demselben Constitutum und bestimmt" ꝛc. (S. 29.) Er **hat** ausgelassen, woraus mit Evidenz hervorgeht, daß Vigilius in Betreff des Sinnes, in welchem die Väter von Chalcedon den Brief des Jbas **oder** Jbas selber für orthodox erklärten, keineswegs in Irrthum war, und daß die Väter von Chalcedon über den Brief des Jbas nicht absolut urtheilten, sondern mit Bezugnahme auf die beigefügte Erklärung und Rechtfertigung. Vigilius bedarf der Entschuldigung nicht, die ihm der Verfasser großmüthig angedeihen läßt, **wie** auch kein Grund vorlag, die Synode mit Hintansetzung des Vigilius mit Lob zu überhäufen, wie es in den Worten geschieht: „Die verwickelte Sachlage führte Vigilius in Irrthum und veranlaßte ihn, eine falsche Entscheidung in seinem Constitutum zu geben. — Anders **die Synode**; sie

---

[1] Mansi, tom. IX. pag. 101. 102.

ließ sich nicht in Irrthum führen, enthüllte den Irrthum in ihren Synodal=Examen und verurtheilte ihn ungeachtet des entgegenstehenden Constitutum des Vigilius." (S. 30.) Was hat denn die Synode „enthüllt?" Sie untersuchte vor Allem, „in welcher Weise (ritu) die Briefe des heiligen Cyrillus in Ephesus und des heiligen Leo zu Chalcedon entgegengenommen und approbirt wurden." (S. 30.) Da fanden sie, daß der Brief des Ibas **nicht auf diese Weise entgegengenommen und approbirt** wurde, wie dieses mit den Briefen des heiligen Cyrillus und des heiligen Leo der Fall war!! Das ist eine hochwichtige Sache, und unser Verfasser tritt sie breit genug. Aber um's Himmelswillen, hat denn Vigilius je gesagt, daß der Brief des Ibas im Concil so aufgenommen worden, wie an sich vollständig orthodoxe Briefe, ja wie Briefe der Römischen Päpste, die die Glaubensnorm bilden, aufgenommen zu werden pflegen? Hat er nicht gesagt, daß er angenommen worden sei, in Folge der beigefügten orthodoxen Erklärung und Rechtfertigung?

Aber der Verfasser ist über den Irrthum des Vigilius in facto dogmatico so gewiß, daß er behauptet: „Aus diesem Allem ist klar, daß die Frage über den Brief des Ibas dogmatischer Natur ist, und somit die Gesammtkirche berührt; definiren, der Brief des Ibas sei vom Concil zu Chalcedon angenommen worden, ist gleichbedeutend mit der Definition, dieser Brief sei orthodox." (S. 30.) Hat Vigilius „definirt" oder auch nur behauptet, jener Brief sei einfachhin oder absolut angenommen worden? Hat er nicht gerade das Gegentheil behauptet, wie aus seinen oben angeführten Worten hervorgeht? Man staunt in der That über die Zuversicht, womit der Verfasser ausruft: „Seht doch? Papst Vigilius entscheidet „ex cathedra", der Brief des Ibas sei im Concil von Chalcedon genehmigt worden, und sei deßhalb orthodox, und müsse als solcher von Jedermann betrachtet werden . . . . Und dennoch definirt die ökumenische Synode, diese Erklärung sei irrig, **und** Vigilius selbst widerruft! Was könnte klarer sein?" (S. 30.) Es gibt freilich nichts Klareres als eben dieses, daß es sich um den Glauben der Männer Theodoret und Ibas gehandelt, nicht aber um die Lehre der drei Kapitel selbst, daß folglich in Betreff der Lehre zwischen Vigilius und der V. Synode gar kein Widerspruch herrsche. Der Brief Ibas, — **denn darum handelt es sich ja vorwiegend,** — konnte für orthodox und heterodox erklärt werden; für **orthodox**, wenn man nicht auf ihn allein Rücksicht nahm, sondern auf die orthodoxe Erklärung seines Inhaltes, die **ihm beigegeben wurde, und dann** bezog **man** sich mehr auf die Gesinnung dessen, der den Brief schrieb, als auf den Brief selber; für **heterodox,** wenn man den Brief allein berücksichtigte. In der ersten Weise betrachteten die Väter von Chalcedon und Vigilius in seinem Constitutum den Brief; auf die zweite Weise hingegen die Väter der V. Synode, und Vigilius in jenem Dekrete, in welchem er die Synode bestätigte.[1]) Ob der Brief für sich allein zu nehmen und zu beurtheilen war, oder in Verbindung mit der Erklärung seines orthodoxen Sinnes, dieses möchte der Klugheit überlassen bleiben, die bald zur Milde, bald zur Strenge und Gerechtigkeit rathen kann. Vigilius bemerkt übrigens, wo er die V. Synode bestätigt und den Brief **des Ibas** verurtheilt, sorgfältig, daß **es sich** nur **um den** Brief handle, der dem Ibas zugeschrieben werde, nicht aber um die Gesinnung des Ibas selber. „Besagte drei gottlose Capitel anathematisiren und verurtheilen wir, nämlich den gottlosen Theodorus von Mopsvestia, zugleich mit seinen Schriften; was sodann Theodoret gottlos geschrieben hat; endlich auch den Brief, welcher von Ibas geschrieben sein soll, **und** worin **die** oben angeführten Gotteslästerungen enthalten sind." Was ist nun für ein Widerspruch zwischen dem Wortlaute jenes Dekretes, womit Vigilius die Synode bestätigt, und des Constitutum, das wir oben mittheilten. — Glaubt denn der Verfasser wirklich, daß er sich selbst so leicht vertheidigen und reinigen könnte, als man Vigilius vertheidigen kann, falls man seine als Manuscript gedruckte Broschüre nach der Richtschnur beurtheilen würde, **die** er selbst bei Erklärung der Stelle aus Vigilius befolgt?[2])

---

[1]) Mansi, tom. IX. pag. 414. Dort findet sich die Bemerkung aus Harduin: „Joh. Garnerius sucht in seinen Bemerkungen ad Breviarium Liberati, zu beweisen, daß dieser Brief unterschoben sei. Andere halten ihn für ächt, wiewohl er sich in den lateinischen Akten der V. Synode nicht findet."

[2]) Petrus de Marca (De Vigilii decreto pro confirmatione V. Synodi dissertatio, Mansi, tom IX. p. 419—431) schreibt (V.): „Man muß mit Pelagius und dem heil. Gregor beachten, daß es sich in dieser Streitfrage nicht um den Glauben handelte, sondern um die Personen. . . Daraus geht hervor, daß es Jedem freistand in dieser Sache so oder anders zu denken, ohne deßhalb der christlichen Religion zu nahe zu treten; folglich kömmt auch Vigilius, der hierin seine Meinung einige Male geändert hat, höchstens **in den** Verdacht der Leichtfertigkeit oder Furchtsamkeit. Dieser Verdacht ist indeß so unbegründet, daß er vielmehr das Lob seltener Klugheit gerade für das verdient, was **er in** dieser Sache gethan hat. (VI.) Wer in den Angelegenheiten der Kirche einiger Maßen erfahren ist, der weiß, daß die Päpste früher bei der Entscheidung von Fragen, die sich auf die Disciplin bezogen, einen doppelten Weg einzuschlagen pflegten, entweder den des strengsten Rechtes, oder jenen der Nachsicht. Diese Mäßigung und Milderung der Satzungen war am Platze, wenn um der Einheit willen, oder um der Kirche den Frieden zu geben, Milde empfehlenswerth erschien. In dieser Streitfrage nun schlug Vigilius beide Wege ein, den des strengen Rechtes und den der Milde, und er hat sich dadurch als einen Mann

3. Daraus, daß Mehrere durch eitle Gründe sich verleiten ließen und meinten, es habe sich um den Glauben gehandelt, schließt der Verfasser der „Bemerkungen", daß jene eben nicht geglaubt „an die gänzliche Unmöglichkeit, daß der Nachfolger des heiligen Petrus etwas Glaubensschädliches bestimmen kann." (S. 33.) Aber warum konnten nicht eben Diejenigen, welche grundlos wähnten, es habe sich um den Glauben gehandelt, auch grundlos glauben, der Papst habe etwas Glaubensschädliches bestimmt? Es wird übrigens gut sein, wenn sich der Verfasser nicht gar zu sehr auf das Vorangehen jener

---

ausgewiesen, dem der Glaube und der Friede der Kirche über Alles ging. Es wurde zwar von gelehrten Männern bemerkt, die scheinbare Unbeständigkeit des Vigilius sei seiner Besonnenheit und Klugheit zuzuschreiben, aber sie zeigten nicht, daß diese Handlungsweise mit den canonischen Vorschriften zusammenhing. (VII.) Der vorzüglichste Grund, weßhalb er der Verurtheilung der drei Kapitel widerstand, war dieser, weil er glaubte, nichts von dem, was in der Synode von Chalcedon geschehen, könne zurückgenommen werden; denn das ist die Autorität der allgemeinen Synoden, daß man dasjenige, was durch ihr Urtheil einmal entschieden und festgesetzt ist, nicht mehr untersuchen darf. Indem er also die bereits entschiedene Frage zurückwies, widersetzte er sich den Neuerungsgelüsten. Auch das Ansehen des Papstes Leo hatte er hierin auf seiner Seite, der ausdrücklich bei Bestätigung der Akten des Concils von Chalcedon verbot, die auf der Synode einmal entschiedenen Fragen unter irgend einem Vorwande nochmal Erörterungen zu unterziehen. . (XVII.) Vigilius gibt Folgendes als Grund an, was ihn in seinem Entschlusse (die V. Synode zu bestätigen) festhielt: weil nämlich die ärgerlichen Streitigkeiten, welche der Feind des Menschengeschlechtes durch den Streit über die drei Kapitel veranlaßte, bereits beigelegt seien und die Kirche sich des Friedens erfreue... (XVIII.) Uebrigens gibt Vigilius auch noch einen andern Grund für dieses letzte Dekret (Bestätigung der Synode) an, nämlich die Einsicht in die wahre Sachlage, wie er sie durch ängstliches und sorgfältiges Forschen in den Schriften der alten Väter gewonnen. (XIX.) Es erübrigt noch die Frage, was das für eine wahre Sachlage ist, die er kennen lernte, und die ihm früher nicht bekannt war. Das ergibt sich aber aus einer Vergleichung des Schreibens Pelagius II. (an die Bischöfe Istriens) mit dem Wortlaute des Constitutum des Vigilius. Der erste Grundsatz nämlich, der im Constitutum aufgestellt wird, ist: Nichts von dem, was im Concil zu Chalcedon irgendwie festgestellt worden, könne auf's Neue erörtert oder widerrufen werden; dieser Grundsatz wird bewiesen aus den Briefen des Papstes Leo an den Kaiser Leo. Dagegen lehrt Pelagius, nur Glaubenssachen, die im Concil zu Chalcedon definirt worden, seien unabänderlich; alles Uebrige aber, was auf jener Synode behandelt wurde, seien Privat-Angelegenheiten.... Der zweite Grundsatz ist im Constitutum: Diejenigen, welche in Vereinigung und im Frieden mit der Kirche gestorben sind, können nach ihrem Tode nicht mehr einem Anathem verfallen. Daraus ergab sich, daß Theodor nicht nach dem Tode verurtheilt werden könne. Pelagius hingegen lehrt nach Augustinus, daß jene auch nach dem Tode mit Recht verurtheilt würden, welche Häresie lehrten... Was die Sätze des Theodor betrifft, so sind diese zwar in dem Constitutum mit dem Anathem belegt, weil gottlos und gotteslästerlich; aber doch so, daß daselbst angedeutet wird, daß es nicht gewiß sei, ob Theodorus dieses in Wahrheit geschrieben habe. In seinem letzten Dekrete hingegen lehrt Vigilius, daß es ihm nun endlich außer allem Zweifel sei, daß Theodor seine Schrift mit sehr vielen Gotteslästerungen besudelt habe!!

Vielen stützt. Diejenigen, welche **über Vigilius sich ereiferten**, und ihn selbst **des Widerspruchs gegen erklärte** Glaubenswahrheiten schuldig meinten, gerade die glaubten auch, **das V ökumenische**, von den Päpsten bestätigte Concil sei auf dieselben Klippen gestoßen. Wird nun der Verfasser sich den Schluß, ein ökumenisches Concil könne im Glauben irren, erlauben aus dem Grunde, weil mehrere Abendländer geglaubt, daß es geirrt habe? oder dem Papste komme nicht das Recht zu, die Concilien zu bestätigen, aus dem Grunde, weil Mehrere über Pelagius I. wegen seiner Bestätigung des V. Concils sich entrüsteten? Gewiß wird er daraus, daß mehrere Abendländer von der Gemeinschaft mit Vigilius und dessen Nachfolgern sich **längere** Zeit hindurch absonderten, und daß nachher fast der ganze Orient von der Römischen Kirche abfiel, nicht den Schluß ziehen, die Römische Kirche besitze den Primat nicht. Wer weiß übrigens nicht, daß die Menschen, von ihren Leidenschaften hingerissen, gar oft das Gegentheil von dem thun, was sie als ihre Pflicht erkennen?

4. Aber Pelagius I. handelt in mehreren Briefen über diesen Gegenstand „und nirgends beruft er sich auf die den Nachfolgern des heil. Petrus von Gott gewährte Irrthumslosigkeit; sondern, indem er schriftlich und mündlich das Glaubensbekenntniß darlegt, zeigt er sich auch bereit, **einem Jeden seine Gründe zur Zufriedenheit darzulegen.**" (Bemerkungen S. 31.) Gar sonderbar! Des Papstes Rechtgläubigkeit wurde von Solchen, die vom schismatischen Geist angesteckt waren, bezweifelt, und er hätte sich auf seine Irrthumslosigkeit berufen sollen? Hat er nicht durch sein Bekenntniß, daß er **mit dem** Concil von Chalcedon denke und glaube, am allerbesten Diejenigen widerlegt, welche ihm vorwarfen, **daß** er diesem Concil widerstreite? Doch hat er damit auf keine Weise zugestanden, die Kirche oder die Bischöfe der einen oder anderen Provinz seien Richter über den Glauben des Papstes. Es ist etwas Anderes, wenn der Obere mit Rücksicht auf die Schwäche seiner Untergebenen, diesen aus freien Stücken die Gründe seines Handelns vorlegt, und etwas Anderes, zu behaupten, derselbe sei zur Darlegung dieser Gründe verpflichtet.

5. „Der Brief des Columban an Bonifazius beweist zur Genüge, daß **auf der britischen Halbinsel die Ueberzeugung, der Papst könne** in **Sachen des** Glaubens nie irren, nicht bestand." So sprechen die Verfasser der „Bemerkungen" und der „**als Manuscript gedruckten Broschüre.**" Auch der Vertheidiger „der Erklärung des gallikanischen Clerus" versuchte es schon vor Zeiten aus demselben Briefe Beweise gegen die Unfehlbarkeit des Papstes zusammenzustellen. Aber wie? weil Columban schrieb: „vielleicht **ist Vigilius**

nicht wachsam genug gewesen." Indessen gesteht doch der Verfasser der als Manuscript gedruckten Broschüre (S. 31), daß Columban „gegen die Glaubenseinheit des Papstes keinen Verdacht gehabt habe." Weßhalb sollte er das nicht gestehen, da Columban zu dem vom Autor Angeführten noch weiter sagt, jene seien Verläumder, welche den Glauben des Papstes bezweifeln; und Bonifacius dann ermahnt, die zu verdammen, welche es wagten, „den obersten Stuhl des orthodoxen Glaubens in Verruf zu bringen." Wie soll also Columban mit unserm Verfasser übereinstimmen?

Der Gedanke des heiligen Columban erhellt zur Genüge aus folgenden Worten: [1]) „Ich gab für euch das Versprechen, daß die Römische Kirche keinen Häretiker gegen den katholischen Glauben in Schutz nehme; nehmet als Jünger diese Lehre des Meisters an.... Was ich immer Nützliches oder Rechtgläubiges sage, euch wird's zugerechnet. Denn es gereicht dem Meister zum Lobe, wenn seine Jünger die richtige Lehre haben.... **denn nicht dem Bache, sondern der Quelle hat man die Reinheit zuzuschreiben**... Damit du sonach der apostolischen Ehre nicht entbehrest, bewahre den Glauben der Apostel, bekräftige ihn durch Zeugniß, stärke ihn in Schriften, befestige ihn durch Synoden, auf daß dir Niemand mit Recht widerstehe. .... Wie ich hörte, so legt man euch die Aufnahme der Ketzer bei, **doch ich bin fern davon, zu glauben, daß es wahr gewesen, oder sei, oder sein werde.** Es heißt nämlich, daß jene bekannten alten Ketzer, Eutyches, Nestorius, Dioscorus von Vigilius in einer Synode, weiß Gott in welcher, wohl in der fünften, wieder aufgenommen worden. Siehe, das ist der Grund des ganzen Aergernisses, wie man sich ausdrückt... **Wir bleiben mit dem Stuhl des hl. Petrus verbunden** Mag Rom einen großen und verbreiteten Namen haben, **in** unsern Augen ist es groß und herrlich nur wegen dieses Stuhles.... Ein Gewisser hat mich brieflich aufmerksam gemacht, ich möge mich vor euch in Acht nehmen, da ihr zur Sekte des Nestorius abfallen wollet: und nach meiner guten Meinung über euch habe ich meine Antwort eingerichtet: ich glaube nämlich stets, die feste Säule der Kirche befinde sich in Rom (in ramo [Roma])." [2]) So der hl. Columban. Es ist wahrlich sonderbar, wenn einer aus dessen Brief einen Beweis gegen die Unfehlbarkeit des hl. Stuhles herausbringen will.

---

[1]) Max. bibl. Patrum, tom. XII. pag. 28.

[2]) In der Biblioth. Patr. und in der Ausgabe von Migne liest man in ramo. Wie man aus dem Zusammenhange, wo von der Etymologie vieler Wörter die Rede ist, leicht ersieht, spielt der heil. Columban auf die Ableitung des Wortes Roma an.

VII.
Die Briefe des Honorius an Sergius.

1. Wie bei den Worten jedes ehrlichen Mannes, so gilt auch dieselbe Regel bei Erklärung der Worte des Honorius. — 2. In welchem Sinne Honorius sagt, es gebe in Christus nur Einen Willen. — 3. Wenn der Hochwürdigste Hr. Dr. von Hefele behauptet, unter jenem Einen Willen sei der göttliche verstanden, so widerspricht er dem Honorius und sich selber. — 4. Honorius spricht so gewiß ein katholisches Dogma aus, daß derjenige, welcher den Honorius der Häresie beschuldigt, früher von Hrn. von Hefele der Ungerechtigkeit geziehen wurde. — 5. Der Verfasser der „Bemerkungen" und der Hochwürdigste Hr. von Hefele widersprechen sich gegenseitig im wichtigsten Punkte ihrer Anklage. — 6. Honorius nimmt in der Sache selbst zwei Willensthätigkeiten an. — 7. Weßhalb er glaubte, den Ausdruck von Einer oder zwei Thätigkeiten vermeiden zu sollen. Falsche Anschuldigungen. — 8. Der Unterschied zwischen einer bloßen Antwort und einer Glaubensentscheidung des Papstes wird von den Gegnern mit Unrecht übersehen.

1 Die Honoriusfrage ist viel besprochen worden. Immer bleibt gewiß, daß zu einem Argumente gegen die Unfehlbarkeit des Apostolischen Stuhles vor Allem zu beweisen ist, nicht bloß, daß in des Honorius Briefe an Sergius ein Sinn hineingelegt werden könne, der gegen das katholische Dogma verstößt, sondern auch, daß sie die Auslegung in einem katholischen Sinne nicht zulassen. Denn so viel Rücksicht ist doch dem Papste Honorius zu erweisen, als jedem anständigen, ehrlichen Manne erwiesen wird: seine Worte werden so lange in einem guten Sinne genommen, als das Gegentheil nicht feststeht; besonders ist Einer nicht leichtfertig als Häretiker zu brandmarken. Würde Jemand zum Beispiel sagen, das Wort habe einen Menschen angenommen, so könnte man darin die Lehre des Nestorius finden; muß man darum überall, wo wir, statt von der Annahme der menschlichen Natur, von der Annahme des „Menschen" lesen, sofort den Verdacht Nestorianischer Häresie erheben? Es gibt Ausdrücke, die früher von Vielen richtig gebraucht wurden, später aber, weil Häretiker sie in ihrem Sinne anwendeten, zu vermeiden sind.

2. Uebrigens machen des Honorius Briefe an Sergius keine Schwierigkeit, wenn man nur die ganze Doctrin, welche darin enthalten ist, sowie die aus den Briefen genugsam hervortretende Absicht des Papstes ins Auge faßt.

Vor Allem verwarf Honorius den falschen Schluß des Sergius: deßhalb sei in Christus nur Ein Willen (der Natur nach) anzunehmen, weil, wenn zwei Willen in ihm wären, sie sich widerstrebten; und dieser Behauptung stellt Honorius die wahre Anschauung entgegen, daß nämlich in Christus sich widerstrebende Willen nicht gewesen seien, weil in ihm die verkehrte Begierlichkeit nicht war. Da aber hiemit die ganze Beweisführung des Sergius fiel, so genügte es, dieses anzuführen.

Ferner, nachdem Honorius in seinem ersten Briefe gesagt hatte, das Wort habe Fleisch angenommen „manentibus utrarumque naturarum differentiis", der Gestalt, daß „beiden Naturen ihre Eigenthümlichkeiten blieben", fährt er fort: „Deßhalb bekennen wir auch Einen Willen unsers Herrn Jesus Christus. Denn es ist ja wahrlich unsere Natur von der Gottheit angenommen worden, nicht aber die Schuld; und zwar jene so, wie sie vor der Sünde erschaffen worden, nicht wie sie nach dem Falle verdorben war". Im Folgenden entwickelt er den Gedanken weiter, daß in Christus keine Begierlichkeit gewesen, nicht „ein anderes Gesetz in den Gliedern" („lex alia in membris"). Jene berüchtigten Worte nun „una voluntas", in welchem Sinne sind sie zu nehmen? Jeder Schriftsteller verlangt mit Recht, daß man seine Worte, wo sie an und für sich nicht klar genug sind, oder zu Controversen Veranlassung geben, aus dem Zusammenhange erkläre, oder aus den Schlüssen, womit er seine Ansichten begründet. Dem gemäß sind nun auch diese Worte des Honorius zu erklären, die so sehr angegriffen werden.

Jenes „una voluntas", bezieht es sich zunächst auf den menschlichen oder auf den göttlichen Willen? Offenbar auf den menschlichen. Denn das geht aus dem Beweise hervor, dessen sich Honorius bedient: In Christus war ja nicht, wie in uns, jenes Gesetz der Glieder, wovon der Apostel redet, welches dem Gesetze des Geistes widersteht, d. i. die verdorbene Begierlichkeit; also (nur so dürfen wir zunächst schließen) war in Christus nicht das doppelte Gesetz oder der doppelte menschliche Wille, sondern nur ein menschlicher Wille, jener gute nämlich, oder das Gesetz des Geistes. - Eben dieses folgt auch aus den unmittelbar vorausgehenden Worten, womit Honorius behauptete, „daß die Eigenthümlichkeiten der beiden Naturen blieben". Dieß wäre aber offenbar nicht der Fall, wenn er unter jenen Einen Willen den göttlichen mit Ausschluß des menschlichen verstanden hätte. — Somit ergibt sich, daß der Abt Johannes ganz richtig behauptete, Honorius habe mit diesen Worten zunächst wenigstens nur von einem menschlichen Willen geredet.

Indem also Honorius einen menschlichen Willen in Christus behauptet und zugleich lehrt, „daß die Eigenthümlichkeiten den beiden Naturen blieben", und zwar „unversehrt", wie er im zweiten Briefe sagt, hat er sowohl negativ, als positiv den doppelten Willen in Christus anerkannt, den göttlichen nämlich und den menschlichen; negativ: in der Widerlegung der Beweisführung des Sergius für Einen natürlichen Willen; positiv: indem, wer die Eigenthümlichkeiten der Naturen unversehrt annimmt, doch auch den Willen der göttlichen und menschlichen Natur annimmt.

Da indessen Sergius sowohl des göttlichen wie des menschlichen Willens erwähnte, und auch Honorius von den Thätigkeiten beider Naturen sprach, so läßt sich das, was er von Einem Willen sagt, auch noch auf andere Weise erklären, eine Erklärung, die sich übrigens auch aus der ersteren ergibt.

Daraus nämlich, daß in Christus, in dem die Eigenthümlichkeiten beider Naturen unversehrt blieben, jener eine rebellisch-menschliche Wille, oder das Gesetz der Glieder, nicht ist, sondern nur der gute Wille, müssen wir folgern, daß dieser gute menschliche Wille in Allem mit dem göttlichen Willen übereinstimme, und dieses so, daß in Christus die Willen der beiden Naturen (in moralischem Sinne) doch nur Ein Wille sind, wie wir ja auch von zwei Menschen, die dasselbe wollen, zu sagen pflegen, sie haben nur Einen Willen (in moralischem Sinne). Darnach ist also in Christus Ein Wille, weil der gute menschliche Wille immer mit dem göttlichen übereinstimmt. Wenn also Honorius durch seine Behauptung von der Vollständigkeit beider Naturen in Christus auch nothwenig zwei natürliche Willen annimmt, und sodann durch seine Verwerfung eines verdorbenen Willens, also auch eines Widerstandes in Christus, die Gleichförmigkeit oder moralische Einheit der Willen ausspricht: warum wollen wir dann dem Ausdrucke „una voluntas" nicht den Sinn geben, der sich offenbar aus der ganzen Entwickelung des Honorius ergibt? Man kann daher mit Recht sagen, Honorius hat den Ausdruck „Ein Wille" in eben demselben Sinne angewendet, in welchem das Concilium vom Lateran i. J. 649 unter Martin I. den Ausdruck einer „gottmenschlichen Handlung" zuließ, um nämlich die Vereinigung zu einer That anzudeuten, und, was gewichtiger ist, in welchem das VI. ökumenische Concil die Uebereinstimmung der beiden Willen aussprach.

3. Der hochwürdigste Herr von Hefele, Bischof von Rottenburg, sucht in seiner Schrift „Causa Honorii Papae"[1]) auf folgende Weise darzuthun,

---

[1]) In einer so eben erschienenen kritischen Beleuchtung dieser Schrift („Die Honoriusfrage", Regensburg, Pustet) faßt der anonyme Verfasser am Schlusse die Ergebnisse seiner Untersuchung in folgenden Worten zusammen:

„1. Honorius hat: 1) keine Entscheidung ex cathedra erlassen;
2) in seinen Briefen keinen Glaubens-Irrthum gelehrt,

daß Honorius in **Christus** nur einen natürlichen Willen anerkannte. „Honorius, sagt er, argumentirt so: Christus nahm **die wahre** Menschheit an, die vollständige menschliche Natur; nicht die durch die Sünde verdorbene menschliche Natur, sondern jene, wie sie vor dem Falle war; deßhalb war in Christus **auch** nicht das Gesetz der Glieder, welches dem Gesetze des Geistes **widerstrebt.**" — Dieses bis dahin ist richtig; von da an aber hätte er so schließen müssen: also war in Christus nicht der sündhafte, fleischliche Wille, sondern nur der gute menschliche **Wille, der** dem göttlichen Willen vollständig gleichförmig war; folglich **zwei** Willen, nämlich der göttliche und der menschliche, **gute.** — Allein Honorius vermischt diese beiden Willen, oder läßt den guten menschlichen Willen, weil er dem göttlichen in Allem gleichförmig ist, in jenen vollständig aufgehen, daher sagt er: somit bekennen wir Einen Willen unseres Herrn." (p. 9.)

Nun aber bitte ich, wie wird bewiesen, daß Honorius diese beide Willen vermische oder den menschlichen in den göttlichen aufgehen lasse? Diese Vermischung oder Aufgehung wird wahrlich nicht nur ohne Grund, sondern den Worten des Honorius zum Trotz behauptet. Sagt er nicht in eben jenem Briefe, Dominum Jesum Christum ... operatum divina .... eumdemque operatum humana assumpta carne discrete, inconfuse, inconvertibiliter[1]) etc. manere utrarumque naturarum differentias, „daß Christus der Herr Göttliches that ..., und daß er, derselbe, auch menschliche Werke ausübte in dem angenommenen Fleische, und zwar getrennt, **unvermischt, so,** daß nicht das Eine dem Andern zugeschrieben werden kann, daß beiden Naturen ihre Eigenthümlichkeiten blieben",[1]) und zwar, wie er im zweiten Briefe beifügt „integras", unversehrt.[2]) Sodann, was soll damit gesagt sein: „Er läßt den guten menschlichen Willen, weil er dem göttlichen in Allem gleichförmig ist, in jenen vollständig aufgehen? Folgt etwa daraus,

---

3) aber gefehlt hat er dadurch, daß er die entstehende Häresie nicht gleich im Keime erdrückte.

II. Das (sechste allgemeine) Concil hat: 1) sich nicht angemaßt, über ihn zu Gericht zu sitzen, es hatte dazu die Erlaubniß des Papstes;

2) es hat ihn nicht verdammt, a. weil er eine irrige Lehre der Kirche ex cathedra vorschrieb; b. w a h r s c h e i n l i c h auch nicht deßwegen, weil er persönlich in einen Irrthum verfiel; sondern c. weil er als oberster Hirt der Kirche seine Pflicht nicht that

III. Papst Leo hat die Verdammung des Honorius nur insofern bestätigt, als dadurch seine Nachläßigkeit, sein Nicht=Einschreiten verurtheilt wird."

(Anmerk. d. Ueberj.)

[1]) Mansi, tom. **XI. pag. 538.** [2]) Ibid. pag. 549.

weil der menschliche Wille dem göttlichen gleichförmig ist, daß der menschliche in den göttlichen aufgehe? Also wenn Einer in Allem mit dem Willen eines Andern übereinstimmt, folgt, daß sie beide nur Einen natürlichen Willen haben? — Gerade im Gegentheil, wenn der gute menschliche Wille in Allem mit dem göttlichen übereinstimmt, so folgt, daß er nicht in jenen aufgeht, da ja Gleichförmigkeit nur zwischen zweien Statt finden kann, und wer überhaupt nicht ist, kann auch nicht übereinstimmen. Stehe man demnach ab von einer Erklärung, die man nur halten kann, wenn man mit sich selbst in Widerspruch tritt.

4. Der Verfasser der „Bemerkungen" meint: „Wenn Honorius nur diese Uebereinstimmung behauptet, und nur in Bezug auf sie den menschlichen und göttlichen Willen des Erlösers Einen genannt hätte, so wäre darin nichts Tadelnswerthes. Aber wenn er **das** gethan hätte, so wäre er sich auch nothwendig über den Unterschied zwischen den unter sich übereinstimmenden Willen klar gewesen, und dann hätte er nicht anders gekonnt, als in Christus zwei Willen anzuerkennen, da er zwei Naturen anerkannte". (p. 41.) Das ist gewiß richtig geschlossen. Aber wie wird denn gezeigt, daß Honorius in Christus die zwei Willen nicht anerkannte? Der Verfasser fährt fort: „Dahin aber kam Honorius nicht, und es ist dieses Eine jedenfalls außer allem Zweifel, daß er unter jenem Einen Willen, den er annahm, jenen Willen verstand, gegen welchen das Fleisch nicht begehrt." Der Schluß ist also dieser: Honorius hat in Christus nicht zwei Willen anerkannt; denn dies ist jedenfalls gewiß, daß er mit jenem Willen, von dem er redet, jenen bezeichnet, gegen welchen das Fleisch nicht begehrt. Aber dieser Schluß ist offenbar unberechtigt, denn aus dem, was als gewiß hingestellt wird, folgt eben nur, daß es nicht gewiß ist, ob Honorius den doppelten Willen anerkannte, keineswegs aber, daß er ihn nicht anerkannte; dieses ist aber ein wesentlicher Unterschied. Wenn ferner der Verfasser sagt, „dieses Eine ist außer Zweifel, daß Honorius unter jenem Einen Willen, von dem er redet, jenen Willen versteht, gegen welchen das Fleisch begehrt", so ist nach seinem eigenen Urtheil jenes Andere nicht außer allem Zweifel, daß Honorius nämlich unter diesem Einen Willen den göttlichen verstand, und dann ist es auch nicht außer allem Zweifel, daß Honorius die Häresie der Monotheleten vorgetragen habe.

Daß Honorius in Christus eine doppelte Thätigkeit und damit auch einen doppelten Willen, den göttlichen und den menschlichen, anerkannte, wird zur offensten Gewißheit durch Dasjenige, was er über beide Naturen sagt. „Wir müssen bekennen, daß beide Naturen in dem einen Christus zu einer natürlichen Einheit verbunden waren, und daß beide in wechselseitiger Theilnahme sich bethätigten **und** wirkten (cum alterius communione operantes et operatrices); **und** dieses so, daß die göttliche (Natur) die Werke Gottes vollbracht, die menschliche, was des Fleisches ist, ausübte, nicht getrennt, **noch** vermischt, oder so, daß das Eine vom Andern gesagt werden könnte, **daß** wir etwa lehrten, die Natur Gottes sei in den Menschen und die des Menschen in Gott übergegangen... Von beiden Naturen müssen wir bekennen, nämlich von jener der Gottheit und jener des angenommenen Fleisches in der einen Person **des** Eingebornen Gottes des Vaters, daß sie unvermischt, unzertrennt und unvertauschbar, jede das ihr Eigenthümliche thut." [1])

Diese Stelle schien seiner Zeit (1858) dem hochwürdigsten Herrn von **Hefele** so klar und so entscheidend, daß er darüber schrieb „hiermit hatte Honorius die orthodoxe Lehre ausgesprochen, und es wäre völlig unrecht, **ihn** der Häresie zu bezüchtigen." Conciliengeschichte von Dr. Hefele; 3. Band, S. 147.)

5. Gehen wir weiter. Da Honorius gegen Sergius behauptet hatte, Christus habe nicht die verdorbene menschliche Natur angenommen, noch das rebellische Fleisch, so mußte er erklären, wie Christus in Traurigkeit fallen und vor Betrübniß in jene Worte ausbrechen konnte: „Nicht mein Wille geschehe, sondern der deine". Er entscheidet die Frage dahin, daß sich Christus **freiwillig** den Empfindungen der Trauer und Furcht hingegeben habe, um unserer Schwäche zu Hilfe zu kommen, und uns ein Beispiel zu geben. Da setzt nun der Verfasser der „Bemerkungen" voraus, aber er beweist es nicht, Honorius sei der Ansicht gewesen, Christus habe „nur zum Scheine" gelitten, und ruft dann entrüstet aus: „Wie, hat Christus, **da** er im Oelgarten betrübt und geängstigt war, wirklich nur zum Scheine **gelitten?"** (S. 41, 42.) Wahrhaftig, eben weil es ungereimt und gegen **den** katholischen Glauben ist, zu sagen, Christus habe nur zum Scheine gelitten, **eben** deßwegen darf **man bei** Honorius eine solche Anschauung nicht voraussetzen, so lange kein Grund vorliegt, seine Worte dahin zu deuten. Ja, wir gehen noch weiter und glauben, daß man ihm durch eine solche Deutung ein schreiendes Unrecht zufügt, da **er in** demselben Briefe ausdrücklich sagt, Christus **habe** wirklich gelitten. „Der im Fleische voll göttlicher Wunder strahlte, eben derselbe ist **auch** ganz und gar Fleisch geworden, Gott und Mensch, Leiden und Schmach duldete er... der **eine** und

---

[1]) Mansi, tom. XI. pag. 582.

derselbe, wie geschrieben steht, **der Herr der Herrlichkeit ist gekreuzigt worden**, da es doch bekannt ist, daß die **Gottheit** nicht menschliche Qualen erdulden kann … um uns nämlich zu belehren, daß der Gottheit ein **leidensfähiges** Fleisch verbunden ist." [1])

Daraus geht nun auch hervor, mit welchem Rechte der hochwürdigste Herr Bischof von Rottenburg, Dr. von Hefele (Causa Honorii Papae, p. 17) meint, „es sei klarer als das Sonnenlicht", daß Honorius unter jenem Einen Willen den göttlichen verstanden habe, da er ja der Meinung gewesen sei, Christus habe jenes: „Nicht mein Wille geschehe, sondern der **deine**" nicht im eigentlichen und nächsten Sinne gesprochen. Kann man nicht mit mehr Wahrheit sagen, es sei klarer als das Sonnenlicht, daß Honorius unter jenem Einen Willen den göttlichen Willen nicht verstanden habe, da er ja ausdrücklich **sagt, er** verstehe unter dem Einen Willen, den **er** ausgeschlossen wissen wolle, **den** rebellischen Willen oder die Begierlichkeit? Denn Honorius hatte ja **vor** seiner Erklärung jener Worte: „Nicht mein Wille geschehe, sondern der deine", gesagt: „Denn ein **anderes Gesetz in den Gliedern**, oder ein verschiedener **oder** entgegengesetzter Willen fand sich nicht im Erlöser, da er auf eine Weise geboren wurde, welche **die Gesetze der** gegenwärtigen menschlichen Ordnung überschritt. Wenn daher auch geschrieben steht: „Ich kam, nicht meinen Willen zu thun, sondern **jenen dessen, der mich gesandt hat, des** Vaters 2c.", so ist damit keine Verschiedenheit **des Willens** angedeutet, sondern das Walten über die angenommene menschliche **Natur**. Denn derlei ist unsertwegen geschrieben, denen er das Beispiel gab, **auf daß** wir seinen Fußstapfen folgten; **als** guter Lehrer unterweist er hiemit seine Schüler, daß jeder von uns nicht seinen Willen, sondern **in Allem** vielmehr den Willen des Herrn vorziehe." [2]) Wie nämlich der Sohn unsertwegen Fleisch annahm (und wie Honorius vorher sagte „passibilem") und unsertwegen die Empfindung der Trauer übertrug, so brach er auch unsertwegen in diese Worte aus; und in der That er hat dieses unsertwegen gesprochen, wie er jenes unsertwegen duldete. Nirgends aber sagt Honorius, Christus habe zwar jene Worte ausgesprochen, oder jene Empfindungen durch Worte kundgegeben, **nicht aber wirklich** in sich erfahren, was diese Worte bezeichnen.

Es ist nicht ohne Nutzen zu bemerken, wie Diejenigen, welche Honorius beschuldigen, in diesem Klagepunkte, **der für die Sache entscheidend ist, nicht** übereinstimmen. Während dem Verfasser der „Bemerkungen" (S. 41) „jenes

---

[1]) Mansi, tom. XI. pag. 539.   [2]) Ibid. pag. 542.

Eine außer allem Zweifel ist, daß Honorius unter jenem Einen Willen, von **dem er redet,** jenen Willen verstanden habe, gegen welchen das Fleisch nicht begehrt"; ist es dem hochwürdigsten Herrn von Hefele „klarer als das Sonnenlicht", **der Eine Wille, den** Honorius in Christus annimmt, sei ihm der göttliche. Wahrlich, wer diese beiden Autoren irgendwie so erklärt, daß sie mit einander übereinstimmen, der wird mit weniger Mühe den Brief des Honorius an Sergius und jenen des Agatho an die VI. Synode, mit **andern** Worten die Verurtheilung des Honorius und die Unfehlbarkeit des Apostolischen Stuhles in Uebereinstimmung finden.

6. Was die Sache betrifft, hat also Honorius in Christus eine doppelte Thätigkeit anerkannt, wenn er es auch für gerathener hielt, den Ausdruck sowohl von einer als von doppelter Thätigkeit zu vermeiden. Daß **er** eine doppelte Thätigkeit annahm geht vor Allem daraus hervor, daß **er** zwei Naturen annahm, von denen jede das ihr Eigenthümliche leistete. Dasselbe **geht ferner** daraus hervor, daß er sich der Worte des heil. Leo an Flavian **bediente;** daß aber die Worte des heil. **Leo eine** doppelte Thätigkeit bezeichnen, **wurde in** der VI. Synode anerkannt. Ja, man könnte selbst sagen, Honorius habe **die** doppelte Thätigkeit noch klarer ausgesprochen, als der heil. Leo, weil er statt des Ausdruckes „Verbum", dessen sich der heil. Leo bediente, jene andern gebrauchte: „divinitas" und „natura divina".[1])

---

[1]) **Leo schreibt an Flavian:** „Jedes der beiden Thätigkeitsprincipe (forma) wirkt das ihm Eigenthümliche unter Theilnahme des andern, indem das Wort vollbringt, was des Wortes ist, und das Fleisch ausübt, was des Fleisches ist."

Das VI. allgemeine Concil aber sagt: „Ruhmreich erkennen wir in dem einen Christus Jesus unserm Herrn eine doppelte naturgemäße Thätigkeit an und zwar ungetrennt, unvertauschbar, unvermischt, nämlich die göttliche Thätigkeit und die menschliche Thätigkeit, wie dieses der unvergleichliche Verkündiger des Wortes Gottes, Leo, deutlich lehrt, wenn er sagt: „Jedes der beiden Thätigkeitsprincipe wirkt das ihm Eigenthümliche unter Theilnahme des andern, indem das Wort vollbringt, was des Wortes ist, und das Fleisch ausübt, was des Fleisches ist." Indem wir also unter jeder Beziehung das unvermischt und ungetheilt festhalten, fassen wir das Ganze in diesem kurzen Bekenntnisse zusammen: Wir glauben, daß Einer der heil. Dreifaltigkeit und seit der Menschwerdung unser Herr Jesus Christus wahrer Gott sei, und behaupten, daß er zwei Naturen habe, die in seiner innern Subsistenz zusammentreffen (radiantes) .... indem jede der beiden Naturen unter Theilnahme der andern ungetheilt und unvermischt das ihr Eigenthümliche will und wirkt." (Sess. 18. Mansi. tom. **XI.** pag. 638.)

Honorius endlich im zweiten Briefe an Sergius sagt: „Wir müssen bekennen, daß **beide** Naturen in Christus zu einer natürlichen Einheit verbunden sind und in **wechselseitiger** Theilnahme wirken und sich bethätigen; und dieß so, daß die **göttliche** wirkt, **was Gottes** ist, **und die menschliche** ausübt, was des Fleisches ist, nicht getrennt, noch vermischt oder vertauschbar, daß wir lehrten, Gottes Natur sei

VII. Die Briefe des Honorius an Sergius. 73

Merkwürdig ist, was der Verfasser der „Bemerkungen" in Bezug hierauf schreibt. „Es gab damals keine Entscheidung der Kirche, die das Bekenntniß eines doppelten Willens in Christus ausdrücklich forderte; daß aber in Christus eine doppelte den beiden Naturen entsprechende Thätigkeit sei, dieß war nicht nur der Sache, sondern auch dem Wortlaute nach definirt. Es fand sich dieses nemlich in dem Briefe Leo des Großen an Flavian, den alle, welche den Dekreten von Calcedon beipflichteten, als Richtschnur in der ganzen Incarnationslehre verehrten. Als daher Cyrus noch Metropolit von Phasis war, erinnerte er den Kaiser Heraclius, daß es ihm nicht gestattet sei, die Lehre der zwei Thätigkeiten durch die Vereinigung (der beiden Naturen in Christus) zu verbieten, da Leo in seinem Briefe an Flavian offenbar zwei Thätigkeiten behaupte. Dem ist denn auch in der That so, da Leo sagt: „agit (ἐνεργεῖ) enim utraque forma cum alterius communione quod proprium est, denn jedes der beiden Thätigkeitsprincipe (forma) wirkt unter Theilnahme des andern das, was ihm eigenthümlich ist." (S. 36, 37.) Wer zunächst auf den Wortlaut achtet, wird bemerken, wie unrichtig es ist, zu behaupten, daß das Wort doppelte Thätigkeit bei Leo vorkommt, wiewohl der Sache nach allerdings eine doppelte Thätigkeit ausgesprochen ist. Wenn nun aber dieses wahr ist in dem Munde Leos, warum denn nicht im Munde Honorius', der seinen Satz offenbar aus dem Briefe des heil. Leo nahm?

7. Selbst dort, wo Honorius auffordert, den Ausdruck von einer oder von doppelter Thätigkeit zu meiden, spricht er auf's Klarste die katholische Glaubenslehre aus. Im zweiten Briefe sagt er: „Wir müssen nicht eine oder zwei Thätigkeiten mit Bestimmtheit behaupten, sondern statt einer Thätigkeit, wie Einige sagen, müssen wir in Wahrheit den einen Christus den Herrn in beiden Naturen thätig bekennen; und statt zwei Thätigkeiten, lasset das Wort eine doppelte Thätigkeit weg und saget mit uns, daß vielmehr eben diese beiden Naturen, nämlich die der Gottheit und die des angenommenen Fleisches, in der einen Person des Eingebornen Gottes des Vaters, unvermischt, ungetheilt und unvertauschbar jede das ihr Eigenthümliche voll-

in den Menschen, oder die menschliche sei in Gott übergegangen, sondern wir halten die Eigenthümlichkeiten der Naturen unversehrt aufrecht . . . Statt einer, wie einige sagen, Thätigkeit, müssen wir Einen thätig nennen in Wahrheit, Christus den Herrn, in beiden Naturen; und statt zweier Thätigkeiten lasset den Ausdruck zweier Thätigkeiten weg und saget mit uns besser, daß eben jene beiden Naturen, nämlich der Gottheit und des angenommenen Fleisches, in der einen Person des Eingebornen Gottes des Vaters unvermischt, ungetrennt, und unvertauschbar jede das ihr Eigenthümliche vollbringe."

bringt." Damit stimmt ganz überein, was er in dem ersten Briefe gesagt hatte: „Man muß nicht dasjenige zu kirchlichen Glaubenssätzen stempeln wollen, was weder, wie es scheint, die Autorität der Synode (synodales apices), denen es zusteht solches zu prüfen, noch andere rechtliche Schiedsrichter (auctoritates canonicae) erörtert haben, so daß sich Einer herausnehme, in Christus dem Gott eine oder zwei Thätigkeiten zu lehren, da dieses weder die Schriften der Evangelisten oder Apostel, noch die Berathungen der Synoden, welche darüber gepflogen worden, festgesetzt zu haben scheinen, es sei denn, daß vielleicht der Eine oder der Andere da oder dort etwas erklärungshalber (balbutiendo) vorbrachte, indem er sich mehr der Fassungskraft der Kleinen anpaßte, die er unterrichten sollte. Solche Aeußerungen soll man aber nicht mit kirchlichen Glaubenssätzen verwischen, besonders da nachgerade jeder dieselbe nach seiner Meinung zu erklären weiß. Denn daß unser Herr Jesus Christus, der Sohn und das Wort Gottes, durch den Alles gemacht worden, allein und einzig thätig ist in der göttlichen und menschlichen Natur, dafür bietet die heilige Schrift Belege in Hülle und Fülle. Ob aber wegen der Werke der Gottheit und Menschheit eine oder zwei Thätigkeiten zu bekennen und anzunehmen seien, das muß uns nicht weiter hinhalten, sondern überlassen wir dieses den Grammatikern, die den Knaben spitzfindige Wortklaubereien verkaufen." Was also die Sache angeht, **so erkennt Honorius an**, daß Christus sowohl durch die Gottheit als durch die Menschheit thätig war, **und** bekennt somit die katholische Wahrheit. Was den **Ausdruck** betrifft, meint er, es sei besser sowohl den einer **als den einer doppelten** Thätigkeit zu vermeiden, um Streitigkeiten und falschen Deutungen zu entgehen, und dieses um so mehr, da die hl. Schriften, wiewohl sie Christus in verschiedener Weise thätig zeigen, doch weder den Ausdruck einer Thätigkeit, noch jenen einer doppelten gebrauchten.[1]) Dieses

---

[1]) Der hochw. Bischof von Hefele (Caus. Hon. p. 8.) legt Honorius folgende Worte in den Mund, oder besser liest aus dessen Worten folgenden Sinn: „Uebrigens wird der Ausdruck $δύο\ ἐνέργειαι$ unrichtig gebraucht; denn Christus $ἐνέργησε\ πολυτρόπως$, d. h. war in vielerlei Weise thätig (z. B. er aß, trank, schlief, lehrte, heilte u. s. w.)."

Honorius aber hat **nicht gesagt**, daß der Ausdruck „duae energiae" unrichtig angewendet werde, noch ist dieses der Sinn seiner Worte, wie Jeder sieht, der sie **liest**. Er sagt: man soll diesen Ausdruck nicht gebrauchen, und zwar aus Gründen der Opportunität, um nämlich Streitigkeiten **und falschen** Deutungen auszuweichen. Nun sieht aber doch Jeder, daß es etwas Anderes ist, einen Ausdruck als unrichtig zu erklären und ihn als inopportun zu bezeichnen.

Was übrigens Honorius von zwei Thätigkeiten sagte, eben dasselbe sagte er auch **von** einer. Wenn er also nach dem hochw. Bischof behauptet hat, der Ausdruck einer doppelten Thätigkeit werde unrichtig angewendet, dann hat er auch gesagt, daß der

ist der Kern der ganzen Frage. Sind nicht auch heute, wo es sich um das Lehramt der Kirche handelt, Einige der Meinung, es sei gerathener, den Ausdruck der Unfehlbarkeit fallen zu lassen, da auch die frühern Concilien sich dieses Wortes nicht bedienen? Dürfen wir deßwegen an ihrer Rechtgläubigkeit zweifeln?

Dazu kömmt noch, daß der Verfasser der „Bemerkungen" durchaus nichts beibringt, wodurch er nachwiese, was er indessen kühn behauptet, daß nämlich Honorius zwar an die zwei Naturen in Christus, die göttliche und menschliche, glaubte, so daß sie ohne Vermischung und Veränderung beständen, wie er zweifelsohne mit gleicher Innigkeit die Einheit der Person annahm; daß er aber die Folgerungen, wie sie sich aus dieser Lehre in Beziehung auf den Willen und die Thätigkeit Christi nothwendig ergaben, nicht

---

Ausdruck einer Thätigkeit unrichtig angewendet wird. Wenn er also den Häretikern beizuzählen ist, weil er sagte, der Ausdruck einer doppelten Thätigkeit sei falsch, so muß man ihn den Rechtgläubigen beizählen, weil er sagt, der Ausdruck von einer Thätigkeit sei unrichtig. Oder warum sollte, was gegen Honorius brauchbar ist, nicht auch zu seiner Vertheidigung dienen können?

Der hochw. Hr. Bischof fährt fort: „Honorius verwechselte also ἐνέργειαι oder die Art und Weise der Thätigkeit mit ihren verschiedenen Kundgebungen."

Dieses ist indessen durchaus unrichtig. Honorius nahm vielerlei Thätigkeiten an, und behauptete zugleich, daß allen diesen Thätigkeiten ein doppeltes Princip zu Grunde liege, die Gottheit und die Menschheit; das heißt mit einem Worte, er bekannte sich zum katholischen Dogma. — Aber was will damit gesagt werden: Honorius habe ἐνέργειαι oder die Art und Weise der Thätigkeit mit ihren verschiedenen Kundgebungen verwechselt? Ist denn ἐνέργεια nicht die Thätigkeit, nicht aber eine Art und Weise derselben? Sind denn essen, trinken, lehren nicht wirkliche Thätigkeiten, und nicht bloße Kundgebungen der Energie oder Thätigkeit?

Derselbe Verfasser fragt in einem Nachtrage zu seiner Broschüre „Causa Honorii Papae" S. 38: „Wenn die Rechtgläubigkeit jener Briefe so unwiderlegbar und klar bewiesen werden kann, wie kommt es denn doch, daß Niemanden dieses Licht aufging und Niemand diese Ueberzeugung gewann vor dem Jahre 1870, in welchem gewisse Leute Alles aufsuchen und zusammenhäufen, was nur einen Schein von Beweis für die Unfehlbarkeit des Papstes . . . hat, oder zu haben scheint?"

Wie, Niemand soll vor dem Jahre 1870 die Ueberzeugung gehabt haben, daß sich die Rechtgläubigkeit des Honorius unwiderlegbar beweisen lasse? Hören wir, was Natalis Alexander, der doch den Gallikanern gewiß nicht verdächtig ist, vor beinahe 200 Jahren geschrieben hat. In seiner Hist. eccl. saec. VII. dissert. II. stellte er folgenden Satz auf: „Es läßt sich sowohl mit der Wahrheit als auch mit der der Kirche schuldigen Liebe vereinigen, wenn man sagt, daß Honorius kein Ketzer gewesen sei." Der Hauptgrund, welchen Natalis Alexander angibt, ist, „die Briefe des Honorius können im katholischen Sinne verstanden werden, wie denn auch sehr große Männer, deren Ansehen in der Kirche verehrungswürdig ist, sie in diesem Sinne ausgelegt haben;" und zwar wird dieses bewiesen durch die gewichtigen Zeugnisse des Papstes Johannes IV., des heiligen Martyrers Maximus und des Bibliothekars Anastasius.

erkannt **und** verstanden habe" (S. 36); in gleicher Weise habe Honorius „**nicht** verstanden, was durch das ἐνέργεια bezeichnet worden". (S. 41.) Daß aber Honorius die genannten Folgerungen sehr gut kannte, und auch verstand, was durch ἐνέργεια bezeichnet wurde, geht daraus hervor, daß er das katholische Dogma von der einen Person, welche in den zwei Naturen thätig ist, scharf auseinander setzte, und „beide Naturen unversehrt", ja selbst „thätig und Thätigkeiten" nannten.

8. „Behaupten, Honorius habe die beiden Briefe als Privatperson geschrieben, heißt die Geschichte nicht kennen, oder nicht kennen wollen"; so der Verfasser der „Bemerkungen" (S. 43). Der Grund aber ist: weil sich Sergius an Honorius, als an den Römischen Bischof wandte, so muß man auch annehmen, daß Honorius als solcher die Antwort ertheilte.

Es ist richtig, daß sich Sergius an Honorius, als an den Römischen Bischof wandte, und daraus geht hervor, daß dessen Autorität in der Entscheidung von Glaubenssachen allgemein anerkannt war.

Der hochwürdigste Herr Bischof von Hefele (Causa Hon. p. 10.) sucht Honorius von dieser Seite auf folgende Weise in die Enge zu bringen: „Im zweiten Bruchstück, das aus dem Schluße des Briefes genommen ist, heißt es: „Was übrigens die kirchliche Glaubenslehre betrifft, so sollen wir nicht eine oder zwei Thätigkeiten im Mittler zwischen Gott und den Menschen feststellen (definire)". Daraus geht hervor, daß Honorius eine dogmatische Entscheidung geben, und die kirchliche Glaubenslehre feststellen wollte, dabei aber den rechtgläubig-dogmatischen Ausdruck wegließ" (jedoch auch den heterodoxen „Ausdruck"). [una tamen **cum** heterodoxo „termino."]

War also Honorius doch der Meinung, daß er als Bischof von Rom „dogmatische Entscheidungen geben könne"? Hatte etwa eben diese Meinung auch Sergius, der jene „dogmatische Entscheidung" veranlassen wollte? Wenn das, so liefert die Honoriusfrage keinen verachtenswerthen Beleg für die höchste, und folglich unfehlbare Autorität des Römischen Papstes in Glaubensfragen.

Allein etwas Anderes ist es behaupten, Honorius habe als Römischer Bischof geantwortet und etwas Anderes behaupten, Honorius habe **in Gemäßheit der vollen Autorität des Römischen Bischofs in Glaubensfragen etwas definirt**. Zweifelsohne, Alles was ein ökumenisches Concil bei Veröffentlichung seiner Decrete in Druck gibt, veröffentlicht und verkündet es **als ökumenisches Concil**; aber es definirt nicht alles dieses. Deßwegen **gilt** bei den gewiegtesten Theologen der Grundsatz: ein ökumenisches **Concil definirt nur dasjenige, was zu definiren in seiner Absicht liegt**; und daraus folgern sie, daß in den Dekreten der Concilien öfter etwas vorübergehend und gelegentlich berührt wird, was das Concil keineswegs definiren wollte; in solchen Dingen handelt aber das Concil nicht im Vollgebrauch seiner ganzen Gewalt.

Was nun von den Dekreten und Erlassen der Concilien gilt, das gilt auch von jenen der Päpste. Auch die Päpste können etwas aussprechen, ohne dabei die Absicht zu haben, die betreffende Frage zu definiren. Will man solche Kundgebungen, um sie von Definitionen zu unterscheiden, **als solche bezeichnen, die vom Papst in Kraft seiner Privat-Autorität gegeben werden, und nicht im Vollgebrauch seines ganzen Ansehens**, so wollen wir wegen der Bezeichnung nicht streiten. Der Sache nach sagt man offenbar nichts Anderes, als der Römische Bischof hat zwar als Römischer Bischof **geantwortet, aber nicht in Kraft seiner Vollgewalt definirt.**

Daß nun aber Honorius nichts zu definiren beabsichtigte, geht offenbar daraus hervor, daß er zwar nicht die Glaubensfrage, wohl aber die **Abstammung des Wortes** den Grammatikern überläßt, dann aber Stillschweigen empfiehlt, und meint, es sei besser, sich sowohl des **Wortes und Ausdruckes** einer, als auch einer doppelten Thätigkeit zu enthalten, wiewohl er durch die Behauptung, „daß beide Naturen thätig und Thätigkeiten seien", der **Sache nach die** doppelte Thätigkeit bekennt. Durch die Empfehlung des Stillschweigens hoffte er den Irrthum zu beschwichtigen, und deßwegen sagt **Papst Agatho** in seinem Schreiben an die VI. Synode, wohl anspielend auf Honorius, mit vollem Rechte: seine Vorfahren hätten es nie versäumt, diejenigen, welche Irrthümer zu verbreiten suchten, zu ermahnen, „sie möchten von dem häretischen Irrthume einer falschen Lehre **wenigstens durch Schweigen abstehen."**

VIII.
Das gegen Honorius gefällte Urtheil.

1. Was unser Autor beweisen mußte. — 2. Aus unzweideutigen Stellen ergibt sich, daß Honorius nicht als Verkünder einer Häresie, sondern nur **als** Beförderer einer solchen verurtheilt wurde. — 3 Kurze Argumentation, womit der Verfasser der Broschüre „Von der päpstlichen Unfehlbarkeit" den Irrthum des Honorius herausbringt. — Was ist ihm begegnet bei Anführung der Worte des Concils, welche für den Irrthum des Honorius sprechen? — 4. Wie leichthin der Hochw. Hr. v. Hefele die verbreitetste Erklärung der Verurtheilung abfertigt. — 5. Wofern der Papst als Privatperson eine irrthümliche Ansicht hegen könnte, würde daraus folgen, er könne auch einen Irrthum zur Annahme vorschreiben? —

1. Der Verfasser der „Bemerkungen" hätte vor Allem beweisen müssen, daß Honorius von dem ökumenischen Concil nicht deßwegen als Häretiker bezeichnet wurde, weil er die Häresie nicht unterdrückte, oder die katholische Wahrheit nicht entschieden genug vertheidigte; sondern deßwegen, weil er für eine falsche Lehre eintrat. Statt dessen stellt er zwar kühn die Behauptung auf, „Honorius sei verurtheilt worden, weil er für eine falsche Lehre eintrat;" aber wie beweist er dieses? Mit den Worten: „Ohne Zweifel hat Honorius der Lehre ausdrücklich beigepflichtet, welche Sergius in dem an ihn gerichteten Schreiben auseinander setzt." (S. 45.) Daraus schließt er dann, Honorius sei als Anhänger einer falschen Lehre verurtheilt worden.

Wie nun, wenn wir die Beweisart einfach umkehrten, und sagten: „Zweifelsohne pflichtete Honorius der falschen Lehre des Sergius nicht bei; folglich ist er auch zweifelsohne nicht als Anhänger der falschen Lehre verurtheilt worden!" Und in der That, daß Honorius der falschen Lehre des Sergius nicht beipflichtete, haben wir namentlich daraus erhärtet, daß er das Princip, auf welches Sergius seine ganze Theorie von einem (physischen) Willen gründete, umstieß, und behauptete, „daß die beiden Naturen in Christus zu einer natürlichen Einheit zusammentreten, indem die eine stets in Begleitung der andern wirkte und thätig war" (utrasque naturas in **Christo** unitate naturali copulatas, cum alterius communione operantes et operatrices). Unser Gegner **hat** übrigens ein wenig früher (S. 39, 40) in Betreff dieses falschen Princips des **Sergius** selbst eingestanden: „Honorius hat diesen Nachweis für **einen** Willen wenigstens ausdrücklich nicht angenommen" (wahrer wäre freilich gesagt: er habe ihn ausdrücklich bekämpft und verworfen). Mit welchem Rechte sagt er also nun, es sei unbezweifelt, daß Honorius der Lehre des Sergius „ausdrücklich beigepflichtet habe."?

VIII. Das gegen Honorius gefällte Urtheil.

Auch dieses beläftigt den Verfaſſer der „Bemerkungen" wenig, daß Honorius zwei „Naturen" in Chriſtus anerkannte. (S. 46). (Dabei läßt er allerdings noch aus, daß Honorius auch ausdrücklich von den beiden Naturen behauptet, ſie ſeien operantes et operatrices); „die Prämiſſen zugeben, ſagt er, und die Folgerung verwerfen, war eben Sache der monotheletiſchen Schulen." Es ſei aber bemerkt, daß dieſes mit Recht zwar von Sergius geſagt werden könne, der da behauptete, wenn zwei Willen in Chriſtus wären, ſo würden ſie ſich widerſtreben; nicht aber von Honorius, der ja jenes Princip verwarf, aus welchem der ganze Irrthum entſprang.

Der Verfaſſer mußte aber ferner darthun, daß jenes Urtheil, welches die Synode gegen Honorius fällte, auch vom Römiſchen Stuhle in dem Sinne beſtätigt worden ſei, daß Honorius wahrhaft der Häreſie ſchuldig befunden, und nicht nur ihr irgendwie Vorſchub leiſtete. Indem er aber dieſen in ſich hochwichtigen Unterſchied überſah, fährt er fort: „Nach ſolchen Wahrnehmungen (daß ſich nämlich die Monotheleten auf das Anſehen des Honorius beriefen) pflichtete der heil. Stuhl der Verurtheilung des Honorius bei, und tadelte Leo II. in ſeinem Schreiben nach Beendigung des Concils die Verfahrungsweiſe des Honorius ſcharf." (S. 47). Gleich als wenn es ganz eins wäre, ob die Verfahrungsweiſe (gesta) oder die Lehre verurtheilt wird; und als wenn nicht eben gerade dieſer Unterſchied das entſcheidende Element in unſerer Frage wäre, wo es ſich um die Beſtätigung des Concils durch den Papſt, und alſo um die entſcheidende Kraft des Concils ſelber handelt.[1])

---

[1]) Während ich mit dieſer zweiten Auflage beſchäftigt war, fiel mir eine Schrift in die Hände mit dem Titel: „Pro Honorio et Sede apostolica contra R. P. D Carolum Josephum de Hefele, Episcopum Rottenburgensem, Florentiae 1870." Am Ende der Schrift lieſt man: „Romae pridie Kal. Majas 1870. Joseph Fabi, S. T. D."

Ueber den Grund der Verurtheilung des Honorius ſpricht ſich der Verfaſſer alſo aus: „Die Briefe des Honorius ſind der Rechtsgrund des über ihn gefällten Anathems. In dieſen Briefen bitte ich dreierlei wohl zu berückſichtigen: die Lehre, den Rath, das Schweigen. Die Lehre, die ſie über das Geheimniß der Thätigkeit Chriſti aufſtellen; der Rath, den ſie geben, um das Dogma in rechtgläubiger und katholiſcher Faſſung vorzutragen; das Schweigen, welches ſie betreffs des Ausdrucks „eine oder zweifache Thätigkeit" beobachtet wiſſen wollen.

Die Lehre iſt tadellos, der Rath iſt heilig, das empfohlene Schweigen erſcheint unentſchuldbar. Nenne indeſſen wer mag den Honorius unklug und unvorſichtig, weil er den Ausdruck einfache oder doppelte Thätigkeit (energiae) vermieden wiſſen wollte; niemals würde ſich auf Grund ſeiner Briefe, ja ſelbſt auf Grund der verpönten (verworfenen) Formeln eine entehrende Makel an ſeinen ehrwürdigen Namen haben heften laſſen, wenn nicht die Niederträchtigkeit der Orientalen und die Verſchmitztheit des Sergius mit

2. Es ist nun aber außer allem Zweifel, daß das Urtheil des ökumenischen Concils gegen Honorius wegen Häresie vom Papste Leo nicht bestätigt wurde, sondern nur, weil er dem Irrthume Vorschub leistete. Denn er unterscheidet genau zwischen dem Anhänger oder Urheber des Irrthums und Honorius, einem Begünstiger desselben, weil er ihn nicht unterdrückte. „Wir verurtheilen und verwerfen alle Irrthümer und deren Urheber und Begünstiger... In gleichem verurtheilen wir die Erfinder des neuen Irrthums, nämlich Theodor, den Bischof von Pharan, Cyrus von Alexandrien, den Sergius, und nicht minder den Honorius, der sich nicht bemühte, (non conatus est) diese apostolische Kirche durch die Lehre der apostolischen Ueberlieferung zu verherrlichen, sondern in schnödem Verrathe zuließ, daß die makellose besudelt werde." [1]

Uebrigens geht aus dem Edikt des Kaisers Konstantin [2]) klar hervor, daß Honorius selbst von der sechsten Synode nur als Begünstiger des Irrthums verurtheilt wurde, und nicht als Urheber desselben, oder als Anhänger einer falschen Lehre. Nachdem dort nämlich gesagt worden: „Außerdem verurtheilen und verwerfen wir auch Diejenigen, welche da in häretischem Geiste Urheber und Begünstiger eitler und neuer Lehren sind", heißt es weiter: „Wir meinen damit aber Theodor, den Bischof von Pharan, und Sergius, der Bischof dieser unserer königlichen Hauptstadt war, die Gott beschützen wolle, und der mit jenem einer Gesinnung sowie gleichen Geistes und gleicher Gottlosigkeit war; ferner auch Honorius, der Papst des alten Rom war, und den Irrthum Jener in jeder Weise begünstigte und bestätigte."

---

hineingespielt hätten..... Was verschlägt es, daß Honorius einmal gesprochen wie die Häretiker sprechen würden. Nicht auf die Form, sondern auf den Sinn des Wortes kommt es an." (S. 26. 27.)

[1]) Mansi, tom. XI. pag. 723. — Ueber diese Bestätigung des Concils durch den Römischen Papst schreibt der oben angeführte Verfasser der Schrift Pro Honorio etc.: „Hier liegt für mich der ganze Schwerpunkt der Frage. Lediglich ist der Sinn des von den Vätern gefällten Urtheils zu ermitteln. Leo hat den Spruch der Väter berichtigt, nicht bestätigt. Ich für meinen Theil möchte gegen die orientalischen Väter der sechsten Synode nicht den furchtbaren Vorwurf erheben, als hätten sie selbst die niederträchtige Absicht gehabt, den Honorius mit jenen streitsüchtigen Häretikern auf ganz gleiche Stufe zu stellen. Das wäre nicht ein Irrthum in einem factum dogmaticum, sondern sündhafte Böswilligkeit gewesen. Aber wer kann auch beweisen, daß die Sache im Großen und Ganzen sowohl während der vierzig Jahre vor der 6. Synode, als auf der 6. Synode selbst von dem Lug und Trug der Häretiker unberührt geblieben sei?" S. 38. Das wenigstens muß dem Verfasser zugestanden werden, es habe der Papst Leo den Grund der Verurtheilung weit klarer vorgekehrt, als das Concil selbst.

[2]) Mansi, tom. XI. pag. 710.

VIII. Das gegen Honorius gefällte Urtheil.

Nun aber sind — nach einem Princip der Exegese, das überall seine Geltung hat — die dunkeln Stellen nach den klaren zu erklären; also auch hier. Wo demnach dieser wichtige Unterschied nicht ausgesprochen, ist er zu ergänzen. Uebrigens kommen die Väter selbst in der 13. Sitzung, nachdem sie Honorius mit den Uebrigen verurtheilt hatte, nochmals auf ihn zurück, um gewisser Massen eine Erklärung betreffs seiner beizufügen; sie sagen: „Wir haben Sorge getragen, daß mit diesen auch Honorius von der heil. katholischen Kirche Gottes verurtheilt werde, welcher Papst des alten Rom war, weil wir aus den Briefen, welche er an Sergius richtete, fanden, daß er in Allem dessen Geiste willfährig war und seine gottlose Lehre befestigte." Offenbar konnte das Concil nicht sagen, daß Honorius in Allem der Lehre des Sergius beipflichtete, und es kann dieses der Sinn des „Honorium Sergii mentem esse secutum" nicht sein, denn Honorius hatte sich ja in eben diesen Schreiben gegen die Beweisführung des Sergius für einen Willen in Christus entschieden ausgesprochen. Wenn wir also nicht sagen wollen, daß die Väter irrten, so müssen wir sagen, daß Honorius in dem Sinne verurtheilt worden, den Kaiser Konstantin in seinem Edikte klar ausspricht.[1]

Und in der That, wenn es nicht allgemein anerkannt worden wäre, daß Honorius keinen Irrthum gelehrt habe, wie hätte dann der Papst Agatho in seinem Briefe an die Kaiser Constantin, Heraklius und Tiberius, einem Schreiben, das in der 4. Sitzung öffentlich verlesen wurde, von der Römischen Kirche sagen können: „Dieß ist die Norm des wahren Glaubens, welchen in Zeiten der Ruhe und des Sturmes mit Wärme

---

[1] Der Verfasser der Schrift: Pro Honorio et Sede Apostolica etc. schreibt: Es ist zu beachten, daß die Väter erklären, sie hätten auf die Auctorität des Römischen Papstes hin das Urtheil wohl über die Anderen, nicht aber über Honorius gefällt. In ihrem Synodalschreiben an Agatho heißt es nämlich: „Die Häretiker haben wir, deinem uns durch dein heiliges Schreiben kundgewordenen Urtheilssprüche beipflichtend, mit dem Anatheme belegt. In jenem Schreiben aber werden Cyrus, Sergius, Pyrrhus, Paulus u. s. w. in den Bann gethan, von Honorius findet sich da kein Wort. Ueber ihn sprechen sich die Väter indessen so aus: „Wir haben aber dafür gesorgt, daß auch Honorius mit ihnen aus der heiligen Kirche Gottes ausgeschlossen und dem Anathem unterworfen werde." Also auf ihre eigene Auctorität hin, ohne Zustimmung der Auctorität des apostolischen Stuhles, sprachen die Orientalen über Honorius den Bann aus. Während somit die abendländische Synode schwieg, verurtheilte ihn die morgenländische, und der Richterspruch des Römischen Papstes bekräftigte letzteren. Er erklärte kraft angestammten Rechtes (ein Recht, welches die Synode für sich nicht in Anspruch nahm) das 3. Constantinopolitanische Concil als ökumenisch, bezog aber den Spruch des Concils über Honorius lediglich auf dessen Schuld, daß er die apostolische Kirche habe beflecken lassen. (S. 43, 44.)

festhielt und vertheidigte diese Mutter eures glücklichen Reiches im Geiste, die apostolische Kirche Christi, die durch Gottes, des Allmächtigen Gnade sich als jene bewähren wird, welche niemals von der Nichtschnur der apostolischen Ueberlieferung gewichen ist"? Wie hätte er behaupten können, es sei Allen bekannt, wie von seinem Vorfahrer „jederzeit" die Brüder gefestigt worden seien, und die Kirche des Fürsten der Apostel „bleibe von jedem Irrthum unversehrt."[1]) Wahrlich, dieses Alles wäre nicht wahr, wenn die Kirche Roms auch nur in ihrem einen Haupte Honorius dem Irrthume erlegen wäre.

3. Der Verfasser der Schrift: de Summi Pontificis infallibilitate personali glaubt auf folgende höchst bündige Weise zeigen zu können, daß Honorius geirrt habe. (S. 20, 21.) Er sagt: „In dieser öffentlichen und an alle Welt gerichteten Entscheidung aber hat er geirrt. Es ist nicht nothwendig, alle die verschiedenen Vertheidigungsweisen und Entlastungsversuche vorzulegen, die für Honorius ersonnen wurden. Drei ökumenische Concilien (VI. VII. und VIII.), denen die Päpste selbst beitraten, ja selbst die nachfolgenden Päpste Agatho, Leo II. und andere haben über Honorius als über einen Häretiker das Anathem gesprochen, und stellten ihn in dieselbe Reihe mit den übrigen Häretikern; dabei fällten sie allerdings kein Urtheil über die Person des Verstorbenen, sondern zunächst nur über sein Schreiben." (Folgen nun drei Stellen aus dem VI. Concil, aber wie zu erwarten war, solche, wo Honorius mit den übrigen Häretikern ohne Unterschied zusammengestellt ist, nicht aber jene, wo er von eben diesen getrennt und der Grund seiner Verurtheilung klar ausgesprochen wird.) Kurz freilich ist diese Beweisführung, wenn nur auch dasjenige bewiesen worden wäre, um was es sich hier einzig handelt, in welchem Sinne nämlich Honorius vom Concil den Häretikern beigezählt wurde, und in welchem Sinne das Dekret des Concils vom Papste bestätigt wurde."[2])

Indessen war derselbe Verfasser nicht einmal sehr glücklich in der Wahl der angeführten Stellen des Concils. Führen wir zunächst eben dieselben Worte in derselben Weise an, wie es vom Verfasser dieser Schrift geschehen. „Und selbst Honorius stoßen sie aus der Gemeinschaft der heiligen Kirche Gottes, „weil wir aus seinen Schriften, die er an Sergius richtete, fanden, daß er in Allem dessen Gesinnung willfährig

---

[1]) Mansi, tom. XI. pag. 234.
[2]) Was der Verfasser der als Manuscript gedruckten Broschüre in Sachen des Honorius beibringt, umgehen wir, da dieses Alles in dem Gesagten seine Erwiderung findet.

war und seine gottlosen Sätze befestigte;" und an einer andern Stelle (act. 18.): „weil durch ihn gleichwie durch die Andern Satan die Häresie von einem Willen und einer Thätigkeit verbreitete, — weil er einen Willen und eine Thätigkeit lehrte" ꝛc. Da alles jenes, was als aus der 18. Sitzung genommen angeführt wird, zugleich auch in derselben Schriftweise gedruckt und in dieselben Anführungszeichen eingeschlossen ist, wie das Vorausgehende, so sollte man meinen, dieses Alles werde als Worte des Concils angeführt.

Nichtsdestoweniger sind dieses die Worte des Concils nicht, denn die Stellen der 18. Sitzung, auf welche, wie es scheint, Bezug genommen worden, lauten also: „Da der Urheber alles Bösen von Anfang an nicht aufhört und immer schleichende Hülfe findet, ... so hat er auch willfährige Werkzeuge gefunden, nämlich Theodor.... Sergius, Pyrrhus, Paulus, Petrus,... endlich auch Honorius, welcher Papst des alten Rom war, und Cyrus.... sowie Makarius, und Stephanus, dessen Schüler, und ruhte nicht, durch sie den Gliedern der Kirche Aergerniß zu erwecken, indem er die Irrlehre von einem Willen und einer Thätigkeit in den beiden Naturen des Einen der heil. Dreifaltigkeit, Christus unseres wahren Gottes, unter dem gläubigen Volke verbreitete, eine Lehre, welche der thörichten und boshaften Sekte der gottlosen Anhänger des Apollinaris verwandt ist" ꝛc.[1]) — „Dem Nestorius, und Eutyches und Dioscorus Anathem. Dem Apollinaris und Severus Anathem. Ihren Gesinnungsverwandten Anathem. Dem Theodor von Pharan Anathem. Dem Sergius und Honorius Anathem. Dem Pyrrhus und Paulus Anathem... Allen Häretikern Anathem. Allen, die einen Willen und eine Thätigkeit in dem Geheimnisse der Person unsers Herrn Jesus Christus, unsers Gottes, behauptet haben und behaupten, gelehrt haben und lehren werden, Anathem."[2]) Daraus geht hervor, daß weder in der ersten Stelle gesagt wird, Satan habe durch Honorius „gerade so wie durch die Uebrigen" die Häresie von einem Willen und einer Thätigkeit verbreitet, was doch von höchster Wichtigkeit ist; noch an der zweiten Stelle, Honorius habe „einen Willen und eine Thätigkeit gelehrt." Denn Alles was darüber gesagt wird, ist ganz allgemein ausgesprochen, da ja nicht nur von der Vergangenheit, sondern auch von der Gegenwart und selbst von der Zukunft die Rede ist.

Wie kam aber der Verfasser dazu, daß er selbst als Worte des Concils anführt, was durchaus nicht Worte des Concils sind? Ohne Zweifel

---

[1]) Mansi, tom. XI. pag. 635.   [2]) Ibid. pag. 655.

hat er hier in gutem Glauben gehandelt. Was er anführt, findet sich wörtlich auch in P. Perrone (Praelect. Theol. vol. II. part. 1. Romae 1841). Unter den Einwürfen (S. 554—555) führt Perrone Folgendes an: „Wenn es wahr ist, daß Honorius nicht irrte, so irrte das VI. ökumenische Concil, das Honorius sechsmal verurtheilte.... act. XVIII. „weil durch ihn gleichwie durch die Andern Satan die Häresie von einem Willen und einer Thätigkeit verbreitete; — weil er einen Willen und eine Thätigkeit lehrte."

Nachdem wir aus P. Perrone den Einwurf hörten, wollen wir auch seine Lösung hören: „Wenn man die im Einwurfe angeführten Stellen genau prüft, so wird man sehen, daß sich nicht eine findet, wo über Honorius das Anathem gesprochen würde, weil er einen Willen in Christus gelehrt habe."

4. Der hochwürdigste Bischof von Rottenburg fertigt die Sache mit auffallender Kürze ab, denn nachdem er die verschiedenen Wege, welche zur Lösung der Honoriusfrage eingeschlagen worden, angeführt und verworfen hat, kommt er auch auf die bei weitem verbreitetste und naheliegende Unterscheidung zwischen einem Anhänger und einem Begünstiger einer Häresie zu sprechen. Er sagt (causa p. 26.): „Da H. Margerie behauptet hatte, das VI. ökumenische Concil habe die Unfehlbarkeit des Papstes ausgesprochen, so mußte er nothwendig auch alle Sätze und Worte des Concils, die anathema Honorio „haeretico" enthalten, in anderem Sinne deuten und milder auslegen. Und weil denn wer sucht auch findet, so fand auch H. Margerie, daß das Wort „Häretiker", wo es von Honorius gebraucht wird, nicht im eigentlichen Sinne genommen sei — und derlei mehr. Wir haben indessen die vorzüglicheren Stellen, in welchen sowohl das VI. ökumenische Concil, sowie auch mehrere Römische Päpste und spätere ökumenische Synoden ihre Ansicht über Honorius aussprachen, oben (Abschn. I.) angeführt, und man kann sie neuerdings nachsehen."

Aber wie, wenn der genannte Unterschied aus den angeführten Stellen oder aus jenen, die hätten angeführt werden können und sollen, klar hervorgeht, wie wir sehen? Diese Unterscheidung ist nicht erst jetzt erfunden worden. Schon vor langer Zeit hatte Natalis Alexander[1] geantwortet, „Honorius sei zwar verurtheilt worden als ein Häretiker, welcher Ketzern Kirchengemeinschaft, Gunst und Schutz gewährt hatte, nicht aber als ein Häretiker von schlechter und hartnäckiger Ansicht und Wahl."... „Daß dieses der Sinn des dem Honorius als Häretiker im VI. Concil gesprochenen

---

[1] Hist. eccl. saec. VII dissert. II.

Anathems sei, sagt Natalis Alexander, ersieht man aus Leo II., dem besten Erklärer des Concils, aus dem Edikte des Constantinus Pogonatus, welches nach der XVIII. Sitzung steht. . . . Es wird bekräftigt aus dem Liber diurnus Romanorum Pontificum, wo in dem Glaubensbekenntnisse, welches der neuerwählte Papst abzulegen pflegte, zugleich mit den Monotheleten das Anathem dem Honorius gesprochen wird, und zwar als einem Solchen, der ihre schlechten Glaubenssätze begünstigt hat: una cum Honorio, qui pravis eorum assertionibus fomentem impendit. . . . Schließen wir also, sagt Natalis Alexander, daß Honorius von dem VI. Concil nicht als wirklicher Ketzer, sondern als Begünstiger der Ketzerei und der Ketzer, und als ein Solcher, der sich im Niederhalten derselben der Nachlässigkeit schuldig gemacht hat, verurtheilt worden sei." Wenn aber einmal dargethan ist, daß Honorius von der VI. Synode deßwegen den Häretikern beigezählt worden, weil er der Häresie Zeit ließ, sich auszubreiten, ist dann nicht auch von selbst einleuchtend, daß wenn von einem spätern Concil dasselbe geschieht, es aus demselben Grunde geschehe? — Daß übrigens von Verschiedenen verschiedene Lösungen der Schwierigkeit gegeben worden, die sich aus der Verurtheilung des Honorius ergibt, wird niemand Wunder nehmen, der weiß, daß dasselbe bei weit weniger schwierigen Fragen der Fall ist.

5. Der Verfasser der „Bemerkungen" legt sodann (S. 49) kein geringes Gewicht darauf, daß nach dem Kirchenrechte der Papst, der sonst keinem Gerichte untersteht, doch Betreffs der Häresie von der Kirche gerichtet werden könne. Allein darauf erwidern die Vertheidiger der päpstlichen Infallibilität, daß sich diese Bestimmungen des Rechts auf einen persönlichen Irrthum des Papstes, oder des Papstes insofern er Mensch ist, beziehen, nicht aber auf einen gerichtlichen Irrthum des Papstes, insofern er in seiner Vollgewalt lehrend auftritt. Denn sie meinen, daß es etwas Anderes sei, einer bereits definirten Glaubenswahrheit widersprechen, ohne jedoch diesen Irrthum der Kirche als Glaubenssatz vorzulegen, und etwas Anderes denselben durch endgültigen Richterspruch zum Glaubenssatz erheben. Dieser Unterschied aber besteht in der That zu Recht; dann aber bleibt Alles in seiner Geltung, was von Christus betreffs der Lehrauctorität des Papstes angeordnet und von den Concilien ausgesprochen worden ist. Der hochwürdigste Herr Bischof von Hefele (Causa etc. p. 16) stellt, wo er diese Unterscheidung berührt, die Frage: „Wenn es im Allgemeinen möglich ist, daß der Papst irre, warum könnte es nicht auch geschehen, daß er den Irrthum, an dem er festhält, ex cathedra ausspreche, da er ihn ja für katholische Wahrheit annimmt? denn es ist nicht nothwendig bösen Willen vorauszusetzen!" —

Wir erlauben uns entgegen zu fragen: „Wenn es möglich ist, daß der Papst sowohl wie die einzelnen Bischöfe einem Irrthum anhangen, warum sollte es nicht auch geschehen können, daß sie in der Versammlung des Concils den Irrthum aussprechen und feststellen? Wenn es möglich ist, daß die einzelnen Gläubigen, auch die Bischöfe, vom Glauben und von der Kirche abfallen, warum soll es nicht geschehen können, daß Alle zugleich abfallen und die Kirche aufhöre zu sein? Nämlich Christus hat versprochen, daß er weder das Eine noch das Andere zulassen werde. Freilich wenn wir nicht auf die Verheißungen Christi Rücksicht nehmen, so können wir weder die Infallibilität des Papstes, noch jene eines ökumenischen Concils, noch überhaupt die Beständigkeit der Kirche wirksam aufrecht halten.

IX.
Meinungen einiger Päpste über den Spender des Sakraments der Priesterweihe.

1. Die Lösung der Schwierigkeit ist allgemein bekannt. — 2. Beispiele ganz besonderer Art. — 3. Wenn die Beweisführung des Verfassers etwas gegen die Unfehlbarkeit des Papstes beweist, so verwirft sie auch die Unfehlbarkeit der Concilien.

Was der Verfasser der „Bemerkungen" in dieser Beziehung beibringt, ist in der That von geringer Bedeutung. Alle Fälle, welche er anführt, den letzten ausgenommen, führt Morinus an,[1]) allerdings nicht, um die Lehrgewalt der Päpste anzugreifen, sondern um daraus seine ihm eigenthümliche Ansicht zu begründen, die Kirche habe die Gewalt, alle Weihen, welche von Häretikern, Schismatikern, Simonisten ertheilt worden, in sich für ungültig zu erklären. „Die Kirche kann — es sind das des Morinus Worte — nach meiner Meinung erklären (bestimmen), unter welchen Bedingungen der ordinirende Bischof seine Vollmacht gebrauchen dürfe, und welche Eigenschaften der zu Weihende besitzen müsse, damit er gültig und wirksam die Weihe empfangen könne; so daß, wenn der Weihende oder der zu Ordinirende diese Bestimmungen vernachlässigen oder ihnen zuwider handeln würde, die Handlung null und nichtig wäre und deshalb wieder vorgenommen werden müßte, damit die Wirkung erzielt werde. Es gilt von diesem Sacramente in analoger Weise was von der Ehe und der Buße gilt. Wir sehen, daß die Kirche oft unter der Androhung, das Sacrament werde sonst vereitelt,

---

[1]) De sacris Ecclesiae ordinationibus l. 3. exercit. 5.

die bezügliche Materie **beschränkt**, erweitert, zu verschiedenen Zeiten verschieden abgegrenzt und **bestimmt hat.**"[1])

Die Theologen verwerfen fast **einstimmig** diese Meinung; und was sie auf die **von** Morinus angezogenen Fälle antworten, ist in allen Schulen bekannt, es werde nämlich nicht die von Simonisten erhaltene Weihe als in sich nichtig erklärt, sondern nur die Ausübung der durch die Weihen erhaltenen Gewalt werde verboten, so daß also nur von dieser die Rede ist. Deshalb stellt auch Juenin,[2]) Priester des französischen Oratoriums, wie Morinus, nachdem er jene Meinung angeführt, mit Beifügung des Beweises folgende Lehre auf: „War das Sacrament der Priesterweihe **einmal** in der Kirche, wenn auch gegen die canonischen Bestimmungen, gespendet, so war es stets dem Wesen nach giltig." Auf das Argument, welches Morinus aus der Wiederholung der Weihe genommen, antwortet er: „Es ist **nicht** wahr, daß dergleichen Weihen wiederholt worden seien."

2. Es ist kaum der Mühe werth, die Beispiele einzeln zu beleuchten, welche der Verfasser anführt; es gilt für jedes dieselbe Antwort, es werde nämlich nicht ausgesprochen, daß die Weihe in sich ungiltig, wohl aber daß **die** Ausübung der empfangenen Weihe so lange nicht **erlaubt** sei, bis eine neue Erlaubniß gewährt worden. Diese Erlaubniß **wurde** gewöhnlich **durch** eine der Weihe ähnliche Ceremonie ertheilt.

Er betont stark die Thatsache, daß Stephan II. auf dem Concil vom Jahre 769 bestimmt, „es sollten die Bischöfe, welche der eingedrungene Bischof Constantinus geweiht hatte, zu ihrem früheren Range der Diakonen oder **Priester** zurückkehren, und wenn dann nach herkömmlicher Weise das Decret ihrer Erwählung ausgefertigt sei, so sollten sie in Begleitung des Volkes mit diesem Decrete vor dem apostolischen Stuhle erscheinen und die Weihe von dem Papste gerade so empfangen, als ob sie das erste Mal gar nicht geweiht worden wären. Ebenso sollten alle Acte, welche derselbe Constantinus in Ausübung des heiligen Amtes vorgenommen hatte, mit **der** einzigen Ausnahme der Taufe wiederholt werden.[3]) Unter der neuen Weihe, von der die Rede ist, kann nur eine Ceremonie verstanden werden. **Das erhellt** aus der Erklärung des 4. Concils von Toledo (635), welches im 28. **Canon also** bestimmt: „Wenn ein Bischof, Priester oder Diakon seinen Rang ungerechter Weise eingebüßt, auf einer zweiten Synode aber seine **Unschuld** erwiesen hat, so kann er seine frühere Stelle nur dann wieder ein-

---

[1]) De sacris Eccl. ibid. cap. 9.
[2]) Commentarius historicus et dogm. de sacram. dissert. VIII. quaest. 6. cap. 2.
[3]) Mansi, tom. XII. pag. 719. 720.

nehmen, wenn er vor dem Altare aus der Hand des Bischofs die Insignien seiner verlorenen Würde zurückerhalten, Stola, Ring und Stab; Stola und Planeta, wenn er Priester; Stola und Albe, wenn er Diakon; Planeta und Kelch, wenn er Subdiakon war: so sollen auch die Träger der übrigen Rangstufen dasjenige behufs ihrer Wiedereinsetzung zurückerhalten, was sie bei ihrer Weihe empfangen hatten." [1]) Wer ungerechter Weise seinen Rang eingebüßt, der hat doch gewiß nicht die Weihe selbst verloren. Weil aber nichtsdestoweniger eine neue Bevollmächtigung die erhaltene Weihe auszuüben durch eine der Weihe ähnliche Ceremonie ertheilt zu werden pflegte, darum konnte man die neuerdings empfangene Vollmacht die Weihe auszuüben eine neue Weihe nennen; und weil der gleichsam ungiltig eine Weihe empfangen hatte, der von der empfangenen Weihe keinen Gebrauch machen durfte, darum wurde die erste Weihe bisweilen eine ungültige genannt.

Wenn Stephan VII. diejenigen, welche vom Papste Formosus geweiht worden waren, wirklich von Neuem weihte, was übrigens von Manchen geläugnet wird, so hat er freilich unrecht gehandelt, aber ein Glaubensdecret hat er dadurch nicht erlassen.

„Leo IX. — so schreibt der Verfasser — glaubte, die der Simonie Schuldigen seien unfähig, das Sacrament der Priesterweihe gültig zu spenden, er weihte darum alle von Jenen Geweihten ein zweites Mal. Er war ein heiliger Mann. . ." (S. 52.) Freilich war er ein heiliger Mann, und schon deßhalb sollte man seine Glaubensreinheit nicht leichthin verdächtigen. Der Verfasser sagt aber auch gar nicht, wo er denn gelesen, der heil. Leo habe Diejenigen von Neuem geweiht, welche die Weihen nach der Vorschrift der Kirche von Bischöfen empfangen, welche der Simonie schuldig waren. Es ist also die Thatsache einfachhin zu läugnen, da sie ohne alle Beweise behauptet wird. Die Bestimmungen des heiligen Leo gegen die der Simonie Schuldigen berühren nur die Jurisdiction und die Ausübung der Weihe, nicht aber die Weihe in sich. [2])

So wäre es auch zu wünschen, daß er seine Behauptungen über Urban II. mit Zeugnissen und Quellen belegt hätte; es beweisen dieselben, wie sie sich bei Morinus und Baronius [3]) finden, klar, daß Urban den von Häretikern und Schismatikern nach kirchlicher Vorschrift gespendeten Weihen „die Wesensform der Sacramente" („formam Sacramentorum") d. h.

---

[1]) Mansi, tom. X. pag. 627.
[2]) Baron. ad a. 1049. n. 8. 9.   [3]) Ad ann. 1099. n. 28 seqq.

den sakramentalen **Charakter, nicht** aber „die Wirkung **ihrer Kraft**" („virtutis effectum") zuerkannt.

Wer sich von Häretikern und Schismatikern d. h. von Leuten, deren Verkehr er in geistlichen Dingen zu meiden hätte, die Sacramente spenden läßt, beweist dadurch, daß ihm die zum würdigen Empfange der Heilmittel nothwendige Disposition des Herzens abgeht. —

Für seine gegen Paul IV. erhobene Anschuldigung sucht er freilich den geschichtlichen Beweis beizubringen; die Erklärung aber, die er demselben beifügt, ist gar zu unglücklich. Das muß Jedermann einleuchten. Die Bulle Cum ex Apostolatus officio vom Jahre 1559 bestimmt unter Anderem Folgendes: „Sollte es sich irgend jemals herausstellen, daß ein Bischof, der auch als Erzbischof oder Patriarch oder Primas auftritt, oder ein Cardinal der Römischen Kirche, auch ein Legat, wie oben gesagt, oder selbst der Römische Papst vor seiner Erhebung zum Cardinalate oder zum päpstlichen Throne vom katholischen Glauben abgewichen, oder in eine Häresie verfallen sei: so soll seine Promotion oder Erhebung ... null und nichtig und ungültig sein; auch soll dieselbe durch die Uebernahme des Amtes, der Weihe, **oder** den darauf erfolgten Besitz der Regierung und Verwaltung nicht als revalidirt oder revalidirbar noch in irgend welcher Rücksicht als gültig angesehen werden; ebenso wenig soll den in solchen Umständen zur Bischofs- oder Cardinalswürde Erhobenen dadurch irgendwelche Verwaltungsvollmacht in geistlichen oder zeitlichen Dingen zuerkannt sein oder zuerkannt werden, sondern Alles und Jedes, was dieselben auf welche Weise immer ausgesprochen, gethan, vollführt und angeordnet haben, soll mit allen daraus sich ergebenden Folgen der Gültigkeit entbehren und weder irgend welchen sichern Bestand noch ein Recht begründen." Was sagt darüber der Verfasser der „Bemerkungen"? „Die Ausdrücke, sagt er, sind so allgemein, daß sie kaum eine Ausnahme dulden, das Wort „administrata" „verwaltet" gilt somit füglich auch von der Spendung der Sacramente; **deshalb** ließe es sich schwerlich in Abrede stellen, daß es die Absicht Pauls IV. gewesen sei, auch die von einem solchen Bischofe oder Papste vollzogenen Weihen für ungültig zu erklären." (S. 53.)

Wer wäre auf den Gedanken gekommen, wenn unser Verfasser, von seinem Gewährsmanne geführt, es nicht zuerst gesagt hätte? Wer sieht denn **nicht bei** einfacher Erwägung der Worte, daß von der potestas jurisdictionis, nicht von der potestas ordinis die Rede ist; **besonders** da ja auch die Cardinäle, deren Würde **nur** eine **Würde der Jurisdiction** ist, aufgezählt werden? Uebrigens ist das ja so weltbekannt, daß jedes weitere Wort Einen verdrießen sollte.

3. Der Verfasser der „Bemerkungen" hatte ferner behauptet: „Wer aufmerksam die Briefe liest, welche Nikolaus I. und Hadrian II. in Sachen des Photius geschrieben, kann kaum noch bezweifeln, daß sie die Weihe des Photius nicht bloß für ungesetzlich . . . sondern auch für ungültig angesehen haben." (S. 52.) Er citirt aus den Briefen die betreffenden Stellen nicht, scheint aber jenen Brief Hadrians zu meinen, der sich in der 3. Sitzung des 8. ökumenischen Concils findet. Dort heißt es: „Vor Allem schließen wir mit Fug und Recht den Gregor von Syrakus und den Usurpator Photius, und Alle, welche derselbe Photius in welchem Grade immerhin dem Scheine nach geweiht hat (ordinasse putatus est), von der Zahl und Würde der Bischöfe aus, hat er ja solche durch gewaltthätige Anmaßung **und** nur dem Scheine nach verliehen."[1]) Gewiß aber ist es, daß Photius von Gregor aus Syrakus nach dem in der Kirche gebräuchlichen **Ritus** geweiht worden, und daß Photius wiederum Andere nach demselben Ritus ordinirt hat. Der Papst Hadrian führt außerdem zur Rechtfertigung seiner Verfügung folgenden Grund an: „denn Photius, dieser Weltmann, Höfling, Neophyt, Eindringling und Ehebrecher, auf dem noch dazu der Bann liegt, hatte ja nichts, was er auf seinen Anhänger übertragen konnte." Wirklich eine schwierige Stelle! Aber es scheint dem Verfasser der „Bemerkungen" entgangen zu sein, daß, wenn daraus etwas gegen die Unfehlbarkeit des Römischen Papstes folgt, zugleich die Unfehlbarkeit eines ökumenischen Conciles dadurch zerstört wird. Denn nachdem dieser Brief verlesen worden, erklärten die Stellvertreter des Bischofs von **Rom:** „Es ist dieser Brief den Canones und Synodalverfahren gemäß vorgelegt worden." Die heilige und allgemeine Synode erklärte: „Der Brief des heiligsten Papstes Hadrian, der vorgelesen worden, ist canonisch, recht und **voller Gerechtigkeit**" (plena justitiae).[2]) Und damit man nicht sagen könne, Hadrians Schreiben sei wohl im Großen und Ganzen, nicht aber in allen seinen Theilen bestätigt worden, erklärte die Synode selbst im vierten Canon der zehnten Sitzung: „Den Photius verurtheilen wir durch ein gerechtes Decret, und geben bekannt, **daß er weder** früher jemals **Bischof gewesen,** noch jetzt **Bischof ist,** daß ebensowenig diejenigen, **die** von ihm zu irgend einer priesterlichen Rangstufe geweiht oder befördert worden, dieselbe noch behaupten . . . **besonders nachdem Alles,** was

---

[1]) Mansi, tom. XVI. pag. 50. [2]) Ibid. pag. 53.

an ihm oder von ihm betreffs der Uebernahme oder Verleihung des priesterlichen Ranges vollzogen worden, ungültig geworden."[1]) Was sagt der Verfasser der „Bemerkungen" zu diesen Decreten des Concils? Wahrhaftig, wenn bei Durchlesung der Briefe, welche Nicolaus I. und Hadrian II. in Sachen des Photius geschrieben, kaum noch ein Zweifel bestehen kann, daß sie die Weihe des Photius für ungültig gehalten, so wird bei Durchlesung dieser Decrete des Concils auch kaum noch ein Zweifel möglich sein, daß das Concil die Weihe des Photius und die von diesem gespendeten Weihen für ungültig erklärt habe. Ist es aber nicht um die Unfehlbarkeit dieses Concils geschehen, wenn dasselbe einen solchen Irrthum lehren konnte? Erkläre also der Verfasser die Decrete des Concils: wir werden dann gerade so auch den Brief Hadrians erklären.

Um einen Papst mit dem anderen in Widerspruch zu bringen und so den Knoten noch mehr zu schürzen, fügt der Verfasser noch bei: „Nach des Ignatius Tode erkannte Johannes VIII. den Photius unter Bedingungen, die der verschmitzte Mensch zu vereiteln wußte, als Patriarchen von Constantinopel an und erklärte seine Weihe und somit auch die von ihm gespendeten Weihen für gültig." (S. 52.) Womit er den Knoten noch mehr schürzen wollte, damit löst er ihn vollständig. Denn wer kann denken, Johannes VIII. habe, falls das Concil erklärt hätte, des Photius Weihe sei in sich ungültig, und ungültig seien gleicher Weise auch die von ihm gespendeten Weihen, sich erkühnt, nicht nur seinem Vorgänger, sondern dem Concile selbst offen zu widersprechen? Damit liegt klar genug am Tage, daß es sich in der ganzen Frage um die potestas jurisdictionis, nicht um die potestas ordinis gehandelt habe, und daß man sagen konnte, Photius sei nicht Bischof gewesen, weil er die Weihe von Gregorius empfangen hatte; dieser hatte ihn gesetzwidrig, weil ohne Jurisdiction, wohl aber gültig ordinirt. Dasselbe gilt von denen, die von Photius die Weihe erhalten hatten.

---

[1]) Mansi. tom. XVI. pag. 162.

X. XI. XII.
Die Gewalt der Päpste über Fürsten und Reiche im Mittelalter. Verhältniß von Kirche und Staatsgewalt. Der christliche Staat.

1. Befürchtung des Verfassers. — 2. Daß sie eitel sei, ergibt sich aus seinen eigenen Bekenntnissen. — 3. Die etwa obwaltende Schwierigkeit wird nicht aufgehoben, wenn auch die Erklärung der päpstlichen Unfehlbarkeit unterbleibt.

1. Alles, was der Verfasser der „Bemerkungen" in diesen drei Kapiteln eines Weitern entwickelt, scheint schließlich, insoweit es zur Sache gehört, in diesem Satze zusammengefaßt zu sein: „Müßte man die Gläubigen lehren, den Päpsten komme die Gewalt, welche sie im Mittelalter über Fürsten und Reiche ausgeübt, durch Einsetzung von Christus dem Herrn zu, so würden darüber die Feinde der Religion triumphiren, denn jeden nur einigermaßen gebildeten Mann würden sie leichtlich überzeugen, daß es unmöglich sei, in der Verwaltung der Staaten auf die christlichen Satzungen Rücksicht zu nehmen." (S. 70.)

2. Wie wenig indessen diese Befürchtungen begründet sind, läßt sich ohne Mühe aus der Entwicklung des Verfassers selbst darthun. Denn Eingangs sagte er: „Die Päpste glaubten, sie hätten die Rechte, welche sie durch ganz spezielle Zeitverhältnisse und historische Entwickelungen über die Staatsgewalt erworben, von Christus durch Petrus erhalten." (S. 54.) Aber es handelt sich ja hier nicht darum, was die Päpste meinten oder glaubten, sondern nur darum, was sie zu glauben vorschrieben. Daher ist der Schluß vollständig unberechtigt: „Daraus würde folgen, daß die Verpflichtungen, welchen jene Rechte entsprechen, den Fürsten und Völkern vom göttlichen Gründer der Kirche auferlegt sind." Denn das folgt nicht, so so lange die Päpste das, was sie etwa meinten, nicht zum Glauben erhoben haben. Uebrigens weist der Verfasser noch auf eine andere Quelle jener Rechte hin, welche die Päpste im Mittelalter ausübten, eine Quelle, die auch den Päpsten nicht unbekannt war. Er sagt nämlich: „Bei allen Unternehmungen und Erfolgen Gregors VII. ist indessen nicht zu übersehen, daß er in gutem Glauben der Ansicht war, die übrigens alle Welt theilte, daß Constantin der Große dem Papste Silvester und seinen Nachfolgern ganz Italien mit den Inseln geschenkt habe. . . Ferner war er der Meinung, daß ganz Spanien, dem alten Rechte gemäß, das längst außer Uebung war, der Oberherrlichkeit des heiligen Stuhles unterstellt sei. Daraus

ist leicht einzusehen, daß er in Folge dieser Anschauungen eine ganz andere Ansicht von seinem Verhältnisse gegen die Könige hatte, als dieses der Fall gewesen wäre, wenn er durch die falschen Documente nicht getäuscht worden wäre." (S. 55. 56.) Was folgt daraus? Einfach, daß die Päpste nicht der Ansicht waren, alle ihre erworbenen Rechte seien von Christus dem heiligen Petrus übertragen worden." Eben dieses ergibt sich aus Allem, was der Verfasser von der allgemeinen Meinung der Völker und Fürsten im Mittelalter beibringt, sowie von dem, was „durch das Völkerrecht des Westens angenommen und rechtskräftig" war. (S. 55. 56.) Es ist somit klar, daß der Verfasser seine Anfangs ausgesprochene Behauptung selbst widerlegt.

3. Aber Bonifazius VIII. hat durch die **Bulle** Unam sanctam definirt, daß „dem römischen Papste jegliches menschliche Geschöpf unterworfen ist!" Wohl, aber in welchem Sinne? Der Verfasser führt hier aus Bellarmin an: „Klemens V. habe diese Bulle nicht zurückgenommen, sondern darauf aufmerksam gemacht, daß sie nichts Neues festgestellt habe, vielmehr die alte Verpflichtung aussprach, welche alle Menschen haben, dem apostolischen Stuhle zu gehorchen und sich ihm zu unterwerfen." (S. 62.) Die Angst, welche der Verfasser an einer andern Stelle über Gebühr erregte, wird sich vielleicht legen, wenn er dasjenige dagegenhält, was er selbst schrieb, wo er von der hieher bezüglichen Verpflichtung der Fürsten redet: „Der Mensch ist geschaffen um Gott über Alles zu lieben; und er ist erlöst durch den Sohn Gottes, dem er in seiner Verherrlichung vom Gebrauche der ihm anvertrauten Gewalt strenge Rechenschaft geben muß. Damit folglich in jenem furchtbaren Gerichte nicht offenkundig werde, er sei am Untergange seiner Brüder in Christus Schuld gewesen, so muß er in jenen Regierungsfragen, welche die Sache Gottes berühren, auf die Stimme des Papstes und der Bischöfe hören und sie hochachten." (S. 65.) Da nun aber der Verfasser, wie wir oben bemerkten, gesagt hat: „Die Feinde der Religion würden jeden nur einigermassen gebildeten Mann leichtlich überzeugen, wie es unmöglich ist, in der Verwaltung der Staaten auf die christlichen Satzungen Rücksicht zu nehmen;" so wird es wohl gestattet sein zu fragen, ob „sich jeder nur einigermassen gebildete Mann auch leicht überzeugen lassen wird," „es sei nicht möglich," daß der Mensch über die ihm anvertraute Gewalt strenge Rechenschaft ablegen muß vor dem Sohne Gottes in seiner Herrlichkeit, und daß er in Folge dessen die Stimme des Papstes hören müsse? Es geht daraus hervor, daß der Verfasser den Feinden der Religion dieselbe Veranlassung durch seine Lehren bietet, welche er durch die Dekrete der Päpste befürchtet.

4. Wenn übrigens mehrere Theologen angeführt werden, welche in der Bulle **Bonifaz VIII.** eine noch höhere Gewalt der Kirche über die weltliche Gewalt ausgesprochen sehen, so ist zu beachten, daß dieselben Theologen lehren, nicht nur durch die Erklärungen der Päpste, sondern auch durch jene ökumenischen Concilien, namentlich **das** I. von Lyon und das V. Lateranensische, werde diese Gewalt der Kirche beigemessen. Wenn also deßhalb die Unfehlbarkeit des Papstes nicht anerkannt werden soll, so müssen wir vorsichtig sein, daß nicht auch die Kirche in schiefes Licht komme. Oder sollen wir auch die Unfehlbarkeit der ökumenischen Concilien aufgeben? denn nach jenen Theologen sind die Gründe auf beiden Seiten die gleichen.

XIII.
Der hl. Thomas von Aquin und die Schulen der religiösen Orden.

1 Was der Verfasser im hl. Thomas findet. — 2. Eigenthümliche Art einer Abhandlung. — 3. Lehre des hl. Thomas. — 4. Was für eine päpstliche Gewalt und Constitution der Kirche der Auctor der als Manuscript gedruckten Broschüre aus dem hl. Antoninus herausbringt. — 5. Wann und durch wen die Lehre von der Unfehlbarkeit des Papstes zuerst geleugnet worden. Die „Fraticelli" Ocham.

1. „Thomas **von** Aquin, ein Mann von außergewöhnlicher Geistesschärfe, hat der Lehre von der Unfehlbarkeit der Päpste die Thore der Schulen geöffnet." (S. 73.) „Seit der zweiten Hälfte des 16. Jahrhunderts traten die Thomisten der Ansicht jener bei, welche die Glaubensentscheidungen des Papstes für unfehlbar hielten, selbst dann, wenn er sich der Hilfe der gesammten Kirche dabei nicht bediente; und hierin ging Melchior Canus seinen Brüdern aus dem Prediger=Orden voraus." So der Verfasser der „Bemerkungen", nachdem er gezeigt hat, wie der heilige Stuhl zunahm, und welche „speciellen Rechte er auf die einzelnen Kirchen erwarb".

2. Um jedoch zu diesen Behauptungen zu gelangen, hat er eine Reihe anderer Behauptungen aufgestellt, wovon er nicht eine bewies. Manches verschwieg er, was er hätte anführen müssen, so namentlich, daß diese Meinung von der Unfehlbarkeit des Papstes in dem Jahrhunderte vor Thomas sehr bekannt war, so daß sie von Thomas nicht eingeführt worden. Andererseits sagte er Manches, was er besser verschwiegen hätte. So jenes, was er beibringt, ehe er auf Thomas zu sprechen kommt: „Gelehrte Männer, welche dasselbe glaubten (wie das Volk, daß nämlich der

heilige Stuhl nie von der Wahrheit abirre) verdienen alles Lob; aber da sie gebildet waren, wäre es ihre Sache gewesen, zu unterscheiden zwischen dem Vertrauen, welches man gläubig dem Oberhaupte der Kirche schenkt, und zwischen dem, was dazu gehört, um vom christlichen Volke fordern zu können, daß es etwas als geoffenbarte Wahrheit annehme." (S. 73.) Liegt darin nicht so etwas wie eine Anklage auf Eitelkeit und Unredlichkeit? Vom heiligen Cyprian, der den Verordnungen des heiligen Stephanus Widerstand leistete, (eine Makel, welche der Heilige nach der Meinung des heil. Augustinus nachher durch das Martyrium tilgte) schrieb der Verfasser: „Da es ja nicht gestattet ist, an der Heiligkeit und Glaubenstreue des so heiligen Mannes zu zweifeln" 2c. Und wird es wohl gestattet sein „an der Heiligkeit und Glaubenstreue" des englischen Lehrers zu zweifeln, der die Unfehlbarkeit des Papstes vertheidigt? — Zu demjenigen, was er ferner besser verschwiegen hätte, gehört auch, daß er meint, der hl. Thomas sei durch unächte Texte getäuscht worden, und habe in Folge dessen diese Lehre in die Schule eingeführt; denn wir werden sehen, daß dieses grundfalsch ist. — Der Verfasser brachte in Verbindung, was durchaus nicht zusammengehört. Denn während er mit seiner ganzen Schrift die Unfehlbarkeit des Papstes zu bekämpfen sucht, was denn auch sein Bestreben in diesem Capitel ist, bringt er auf einmal dieses: „Pelagius I. ließ jene, welche wegen Verwerfung der drei Capitel von der römischen Kirchengemeinschaft ausschieden, unter Anderm auch daran erinnern, wie Augustinus das Ansehen der apostolischen Stühle empfahl." Daran reiht er jenen Ausspruch des hl. Augustin, den Pelagius anführt: „Wer gegen das Ansehen jener Kirchen, welche gewürdigt wurde, von Aposteln geleitet worden zu sein und Briefe erhalten zu haben, vermessentlich glaubt, wird sich von der gräulichen Lasterthat des Schisma nicht frei sprechen können." (S. 72.) Da nun der Verfasser selbst einräumt, Rom sei die einzige noch übrige apostolische Kirche, wie sah er nicht, daß er dadurch das begründet, was er bekämpft? Von der Ausdehnung des Patriarchates der Römischen Kirche über den Osten, wie sie der Verfasser aufstellt, will ich nicht weiter reden.

Nachdem ferner der Verfasser behauptet hatte, der heil. Thomas habe, durch unächte Texte getäuscht, „der Lehre von der Unfehlbarkeit des Papstes die Schulen geöffnet," geht er in einem Athemzuge daran, zu beweisen, der heilige Thomas habe nur gelehrt: „Da es Sache des Papstes sei, ökumenische Concilien zu berufen und zu bestätigen, so sage man mit Recht, daß es auch ihm zustehe, das Glaubensbekenntniß festzustellen;" und fügt sogleich bei, über das, was der heilige Thomas lehre, wenn er richtig verstanden wird, „sei unter Katholiken kein Zweifel" (75), d. h. doch offenbar, der heilige Thomas habe der Lehre von der Unfehlbarkeit die Schulen nicht geöffnet. Es sieht Jeder, wie wenig dieses Alles zusammenhängt.

3. Was ist nun die Lehre des hl. Thomas? Nach der Ueberschrift:[1] „Ist es Sache des Papstes, das Glaubensbekenntniß zu ordnen?" folgt in der bekannten Weise des hl. Thomas zuerst eine Reihe von Einwürfen gegen jene Ansicht, die er selbst vertheidigen will; sodann ein beweisendes Element für seine Meinung. (Sed contra est...) Seine Lehre aber ist: („Respondeo dicendum quod,") daß, wie oben gesagt worden, (arg. 1.) eine neue Feststellung des Glaubensbekenntnisses nothwendig ist, um die auftauchenden Irrthümer zu vermeiden. Die Feststellung des Glaubensbekenntnisses ist also Sache jener Autorität, **bei der es steht endgiltig zu entscheiden, was zum Glauben gehört, damit es von Allen mit unerschütterlichem Glauben festgehalten werde.** Dieses ist aber Sache der Autorität des Papstes, dem alle wichtigen und schwierigen Fragen in der Kirche unterstehen, wie es in den Decretalen (extra de bapt. cap. Majores) heißt. Denn dazu hat ja der Herr (Luc. 22, 32) zu Petrus, den er zum Papste einsetzte, die Worte gesagt: **„Ich habe für dich gebetet, Petrus, daß dein Glaube nicht wanke; du aber, wenn du dich bekehrt hast, festige deine Brüder."** Der Grund davon aber ist, weil der Glaube einer sein muß in der ganzen Kirche, gemäß jenem 1. Cor. 1, 10.: **„das Nämliche sollt ihr alle reden, und soll es keine Spaltungen unter euch geben."** Das ist aber **nicht möglich,** wenn nicht Glaubensfragen von dem entschieden werden, der der gesammten Kirche vorsteht, so daß dann sein Urtheil von der ganzen Kirche fest gehalten werde. Deßhalb ist es denn auch einzig Sache des Papstes, das Glaubensbekenntniß festzustellen, wie eben Alles, was die ganze Kirche betrifft, z. B. ein allgemeines Concil berufen und Anderes der Art." Dieses ist die Lehre des hl. Thomas, wie er sie im sogenannten corpus articuli vorträgt. Sie ist so klar, daß man kaum versteht, wie man über den Sinn des hl. Thomas zweifeln kann. Nebenbei bemerkt führt er hier auch keinen unächten Text an.

Indessen der Verfasser der „Bemerkungen" legt sich mit Bossuet[2] gegen jene Worte ein, welche mit dem bekannten Sed contra est beginnen. Dort heißt es: „Allein dagegen spricht, daß **die Feststellung des Glaubensbekenntnisses in ökumenischen Concilien geschah.** Solche Concilien nun können nach

---

[1] Summa 2. 2. q. 1. a. 10.
[2] Defensio cleri gallic. l. 10. c. 16.

decret. dist. XVII. (cap. IV. et V.) nur durch die Auctorität des Papstes berufen werden. Also ist die Feststellung des Glaubensbekenntnisses Sache der päpstlichen Auctorität."

Nun weiß aber Jeder, der mit dem hl. Thomas nur in etwa bekannt ist, daß der hl. Lehrer mit jenem Sed contra est durchaus nicht seine Lehre entwickeln will, (dieses thut er in dem sog. corpus articuli), wenn er sich auch hie und da dessen, was er unter Sed contra est angeführt hat, bedient, um seine Anschauung zu begründen. Ganz so verfährt er auch hier. Weil Alles, was „sich auf die ganze Kirche bezieht" Sache des Papstes ist, so ist es auch seine Sache, Concilien zu berufen. Wer also zugibt, daß es Sache des Papstes ist, Concilien zu berufen, der gibt den Grundsatz zu, daß Alles, was die ganze Kirche betrifft, Sache des Papstes ist. Also ist es auch Sache des Papstes, das Glaubensbekenntniß zu ordnen, weil ja auch dieses zu Demjenigen gehört, was die ganze Kirche betrifft. Daß dieses der Sinn des hl. Thomas ist, wird aus dem Schlußsatze des corpus articuli klar: „Deßhalb ist es denn auch einzig Sache des Papstes, das Glaubensbekenntniß festzustellen, wie eben Alles, was die ganze Kirche betrifft, z. B. ein allgemeines Concil zu berufen und Anderes der Art." Beachten wir, wie der hl. Lehrer diese beiden Punkte auf eine Linie stellt, das Glaubensbekenntniß feststellen und ein Concil berufen. Nun sei die Frage gestattet: Wollte der hl. Lehrer sagen, der Papst könne nur mit Beistimmung der Kirche oder des Concils ein Concil berufen? Offenbar nein. Also wollte er auch nicht sagen, daß der Papst nur mit Beistimmung der Kirche oder des Concils das Glaubensbekenntniß feststellen könne.

Nun wird auch einleuchtend, in wie innigem Zusammenhange damit das steht, was der hl. Lehrer auf den zweiten Einwurf erwidert. Derselbe lautet: „Was unter Anathem von der Gesammt=Kirche verboten ist, steht nicht in der Gewalt eines einzelnen Menschen; nun ist aber eine neue Festsetzung des Glaubensbekenntnisses unter Anathem von der Gesammt=Kirche verboten, denn in den Akten der ersten Synode zu Ephesus heißt es 2c. — Hierauf der heil. Thomas: „Das Verbo und der Spruch des Concils erstrecken sich auf Privatpersonen, deren Sache es nicht ist, Glaubensfragen zu entscheiden. Denn offenbar ist durch jenen Ausspruch des allgemeinen Concils einem folgenden Concil das Recht nicht abgesprochen, eine neue Glaubensbestimmung zu treffen, natürlich nicht einen andern Glauben zu lehren, sondern nur den alten näher zu erklären. So hat ja jedes Concil gethan, indem es Dasjenige, was frühere Synoden bestimmt hatten, wegen einer auftauchenden Irrlehre, ausführlicher erklärte. Folglich ist dieses Sache des

Papstes, durch dessen Ansehen ein Concil berufen und bestätigt wird." Dem Einwurfe hätte der heil. Thomas auch vollkommen genügt, wenn er keine Erwähnung vom Papste gethan, sondern nur gesagt hätte: es könne keine vorausgehende Synode einer spätern verbieten, das Glaubensbekenntniß neuerdings zu ordnen, weil ja die spätere Synode der frühern nicht untergeordnet ist, sondern dieselbe Gewalt besitzt, wie die vorausgehende, da sich beide in gleicher Weise auf die Gesammtkirche beziehen. Aber eben dieses gilt auch vom Papste, was daraus hervorgeht, da es ja seine Sache ist, als desjenigen, der über die Gesammtkirche zu wachen hat, Concilien zu berufen und zu bestätigen. Mit einem Worte: wenn das vorausgehende Concil diese Gewalt dem folgenden nicht nehmen konnte, so konnte es dieselbe auch dem Papste nicht nehmen, der das Concil beruft und bestätigt; folglich unterliegt er eben so wenig wie das nachfolgende Concil dem vorausgehenden Concil. Diesen seinen Gedanken spricht der heil. Thomas an einer andern Stelle [1]) auf's Unzweideutigste aus: „Wie ein späteres Concil die Macht hat, das Glaubensbekenntniß eines früheren Concils zu erklären und etwas zu dessen besserm Verständnisse hinzuzusetzen, so kann dieses der Papst auch aus eigener Machtvollkommenheit, da ja nur durch seine Auctorität ein Concil berufen werden kann, wie es durch sein Urtheil bestätigt wird, und man an ihn vom Concil appellirt." Endlich wird der Sinn des Obigen auch daraus klar, was er auf den dritten Einwurf (ad 3) entgegnet, „Athanasius habe die Glaubenslehre nicht in ein sogenanntes Bekenntniß, sondern mehr als ein Mittel zur Belehrung zusammengestellt, wie schon aus dem Wortlaute hervorgeht. Weil aber seine Lehre die ganze Glaubenswahrheit in Kürze enthielt, so geschah es durch das Ansehen des Papstes, daß sie als Glaubensregel galt." Aus allem diesem ist nun auch klar, was nach dem heiligen Thomas davon zu halten ist, wenn unser Verfasser sagt: „Gewiß nicht ein einziger Papst hat bis jetzt wenigstens daran gedacht, es stehe einzig bei ihm, der Kirche ein Glaubensbekenntniß vorzuschreiben." (S. 74.)

4. Kühner noch geht in Erklärung des hl. Thomas der Verfasser der als Manuscript gedruckten Broschüre zu Werke. Er schreibt nämlich: „Es ist nicht glaublich, daß der hl. Thomas in einer Weise rede, die mit der apostolischen und allgemeinen Ueberlieferung der Kirche nicht übereinstimmte; diese aber hat immer festgehalten, daß allein die Stimme und das Ansehen der Gesammtkirche die letzte und unveränderliche Glaubensregel sei." (S. 50.) Warum sollte

---

[1]) Quaest. disp. de potent. quaest. 10. a 4. ad 13.

man diesen Beweis nicht umkehren und sagen dürfen: „Es ist nicht glaublich, daß nur die Stimme und das Ansehen der Gesammtkirche nach der apostolischen und allgemeinen Ueberlieferung der Kirche die letzte und unabänderliche Glaubensregel sei, da der hl. Thomas, dieser Mann von tiefem Geist und seltenem Wissen, der englische Lehrer und durch und durch katholisch, dessen Klarheit in seinen Schriften zum Sprüchworte geworden, wörtlich das Gegentheil lehrt?

Eben dieser Verfasser stützt sich noch besonders auf den heiligen Antonin, einen Schüler des englischen Lehrers, der, wie dem Verfasser scheint, seine Meinung so klar darlegt, daß sie nicht bezweifelt werden kann. Hören wir also den Heiligen. Nachdem er folgenden Satz aufgestellt:[1] „Es ist wahr, daß, wenn in Dingen, die göttlichen oder natürlichen Rechtes sind, irgend Zweifel auftauchen, der Papst das Recht hat, dieselben zu erklären, und dahin lassen sich die Worte deuten: Dir, d. i. Petrus und allen deinen Nachfolgern gebe ich die Schlüssel ec.": fährt er fort, ihn näher zu erklären: dieses Recht zu erklären läßt sich auch noch anders verstehen, nämlich so, daß seine Erklärung für wahr und unabänderlich gehalten werden muß, so daß es nicht gestattet ist, das Gegentheil festzuhalten oder zu meinen. In diesem Sinne findet sich das Recht oder die Vollgewalt, solche Zweifel zu lösen, nur im Papste, was so bewiesen wird: Wir müssen nämlich in der Kirche ein Haupt annehmen, dessen Sache es ist, Dasjenige zu erklären, was in Glaubensfragen zweifelhaft scheint, und dieß gilt von speculativen und praktischen Fragen in gleicher Weise. Denn wir müssen doch die Kirche so geordnet voraussetzen, daß die Gesammtheit der Kirche in der Einheit des Glaubens und in einem Urtheil über den Glauben verbleibe. Das wäre aber unmöglich, wenn nicht die Gesammtheit sich an ein Haupt wenden könnte, nämlich an das Oberhaupt, welches die Vollgewalt hat, Glaubenszweifel zu entscheiden. Nun ist aber klar, daß in der Kirche kein anderes Haupt ist, als der eine Papst. Folglich ist es seine Sache, diese Zweifel zu lösen. Wenn man dagegen einwendete, daß der Papst ein einzelner Mensch sei und folglich sündigen und irren könne, so ist zu antworten, daß wenn auch der Papst als einzelner Mensch, und wenn er aus eigenem Antriebe handelt, irren kann . . . so kann doch der Papst, wenn er sich des Concils (einige lesen: der Berathung) bedient und die Hülfe der Gesammtkirche anruft, nach der Anordnung Gottes nicht irren, da Christus zu Petrus sprach: Für dich habe ich gebetet, daß

---

[1] Sum. theol. p. III. tit. 22. c. 3. (Veronae 1740.)

dein Glaube nicht wanke. Und es ist auch nicht möglich, daß die ganze Kirche einen Irrthum für Wahrheit annähme."

Hören wir nun hierüber unsern Verfasser: „Also hat nach dem heil. Antonin der Papst das Recht, was sich auf Glauben und Sitten bezieht, zu ordnen und vorzuschreiben, und Alle sind gehalten, ihm zu gehorchen, dürfen das Gegentheil nicht festhalten, vorausgesetzt aber, daß er verordne und vorschreibe, was mit der apostolischen Ueberlieferung und mit den Lehren der Gesammtkirche übereinstimmt . . . Wenn aber der Papst irrte, wer hätte dann das Recht über diesen Irrthum zu entscheiden? Die Gesammtkirche, sagt Antonin: Und es ist auch nicht möglich, daß die Gesammtkirche einen Irrthum für Wahrheit annähme."

Die Erklärung aber, ohne dem Verfasser zu nahe treten zu wollen, ist doch offenbar falsch. Nach ihm müssen Alle gehorchen, vorausgesetzt, daß der Papst entscheide, was mit der Lehre der Gesammtkirche übereinstimmt. Aber um diese Lehre handelt es sich ja gerade, denn es ist ja die Rede von einem Zweifel, dessen Lösung der hl. Antonin vom hl. Vater, als dem endgültigen Richter, nachgesucht wissen will. Wenn der Glaube der Kirche bekannt ist, dann ist es auch nicht nothwendig, den höchsten Richter darüber zu fragen.

Der Verfasser sagt ferner, nach dem hl. Antonin stehe der Gesammtkirche das Recht zu, über die Verirrungen des Papstes zu entscheiden. Das heißt doch mit andern Worten: es sei gestattet, von dem Ausspruche des Papstes an die Gesammtkirche zu appelliren, d. i. an ein allgemeines Concil, welches die Gesammtkirche darstellt; denn es muß doch gestattet sein, an jenen Richter zu appelliren, der von Gott selbst eingesetzt ist. Nun hören wir hiegegen den hl. Antonin selber, wenn er sagt:[1]) „Es ist nicht erlaubt, vom Römischen Papste an seinen Nachfolger zu appelliren. Da einige Feinde der Tugend (Wahrheit) und Gegner der Einheit sich erdreisteten zu behaupten, es sei gestattet, von einem Römischen Papste an dessen Nachfolger, oder an ein allgemeines Concil zu appelliren, so will ich hier (indem ich Alles dem Urtheile des hl. Stuhles unterwerfe) zu beweisen suchen, wie es offenbar häretisch ist, zu behaupten, daß man vom Römischen Papste an irgend jemand andern (ad quemcunque) appelliren könne. Mein Beweis dafür ist dieses Eine: Wer immer es wagt, dem Vorrechte der Römischen Kirche, als einem von Christus Gegründeten, zu nahe zu treten, ist Häretiker; nun thut dieses aber jeder, der behauptet und festhält, man dürfe vom Römi-

---

[1]) Sum. p. III. tit. 23. c. 3.

schen Papste an seinen Nachfolger appelliren; folglich ist ein Solcher offenbar Häretiker." „Was aber der heil. Lehrer von der Römischen Kirche sagt, versteht er vom Papste, da er im Verlaufe selbst sagt: „Sehen wir denn, welches die Vorrechte sind, die die Römische Kirche, oder der Römische Papst hat, was ein und dasselbe ist." Jenen Unterschied also, nebenbei bemerkt, zwischen Römischer Kirche und Römischem Papste, auf den die Gegner sich soviel zu Gute thun, ließ der hl. Antonin nicht zu, wie er auch nicht zugab, daß irgend Jemandem das Recht zustehe, den Irrthum des Papstes zu verbessern.

Daß die Erklärung in jener als Manuscript gedruckten Broschüre falsch ist, geht übrigens auch aus den Beweisen hervor, deren sich der hl. Antonin zur Begründung seiner Meinung bedient. Denn nach ihm muß das Haupt der Kirche die Einheit Aller im Glauben erhalten; aber das Haupt der Kirche ist nicht „die Gesammtkirche", welcher der Verfasser der als Manuscript gedruckten Broschüre das endgültige Urtheil selbst über den Irrthum des Papstes zuschreibt. Außerdem begründet der heil. Lehrer seine Behauptung aus der hl. Schrift mit jenem Worte bei Lukas 22. Die beziehen sich aber auf Petrus und seine Nachfolger, und nicht auf die Gesammt-Kirche.

Aber was sagen wir zu jenen Worten: „Wenn auch der Papst als einzelner Mensch, und wenn er aus eigenem Antriebe handelt, irren kann... so kann doch der Papst, wenn er sich des Concils (der Berathung) bedient und die Hülfe der Gesammtkirche anruft, nach der Anordnung Gottes nicht irren, da er zu Petrus gesagt: „für dich habe ich gebetet". Die Antwort ist einfach. Der heil. Antonin unterscheidet eben zwischen dem Papste als Privatperson, und dem Papste als Lehrer der Kirche. Keineswegs aber behauptet er, wie die als Manuscript gedruckte Broschüre meint (S. 48), daß die Unfehlbarkeit des Papstes abhinge von der Unfehlbarkeit der Kirche. Ja gerade das Gegentheil lehrt der hl. Lehrer, denn er deducirt die Unfehlbarkeit der Kirche aus jener des Römischen Papstes. Wenn es uns gelingt, dieses klar zu zeigen, so wird sich alles Uebrige, was in Bezug auf die Anschauung des heil. Antonin an Zweifeln angeregt worden ist, leicht darlegen und als unbegründet nachweisen lassen.

Versuchen wir es also. Nachdem der heil. Antonin den Satz aufgestellt: ein Häretiker sei „wer immer dem der Römischen Kirche von Christus eingeräumten Vorzuge zu nahe trete", zählt er die Vorzüge auf und sagt dort: „Der dritte Vorzug ist, daß der Römische Papst immerwährende, beständige und unabänderliche Satzungen (statuta perpetua, firma et immobilia) erlassen kann." (Er beruft sich dafür auf Matth. 16.) „Der vierte Vorzug ist, daß der Römische Papst allen Concilien ihr Ansehen und ihre Geltung verleiht (auctoritatem et robur); und dieses ist aus dem Vorausgehenden klar; denn wenn er das einzige Haupt und der Fürst der ganzen Kirche ist, **der die Fülle der Gewalt über Alle hat, und der allein im Stande ist (solus potens)** beständige und unabänderliche Satzungen zu erlassen als **die Grundlage der Kirche;** so folgt, daß er allein die Beschlüsse der Concilien bestätigen und befestigen kann (roborare et firmare) … Wer da glaubt, die Römische Kirche habe **keine unwandelbare und** bleibende Festigkeit (firmitatem immobilem et perpetuam), der tritt den Vorzügen, welche Christus seiner Kirche verlieh, zu nahe. Aber jeder, der annimmt, man dürfe vom Papste noch weiter appelliren, sagt damit, daß die Römische Kirche keine unwandelbare und bleibende Festigkeit habe." Man sieht hier den Schluß des hl. Antonin: Weil der Römische Papst **allein** beständige Satzungen erlassen kann (daß **vom** Glauben die Rede ist, zeigt der Zusammenhang), **deßwegen** kann er allein „**die Dekrete der Concilien bestätigen**"; mit andern Worten, **die** unerschütterliche Festigkeit, welche den Dekreten **der** Concilien zukommt, stammt aus dem Papste. Damit ist aber nichts Anderes gesagt, als die Concilien sind unfehlbar, weil der Papst unfehlbar ist.

Nun verstehen wir auch, warum Antonin bei **der** Unterscheidung zwischen dem Papste als Privatmann und dem Papste als Lehrer der **Ge**sammtkirche des Conciliums (der Berathung) sowie „der Hülfe der Gesammtkirche Erwähnung thun konnte. **Er will damit** nicht die Unfehlbarkeit des Papstes **auf** das Concil oder die Hülfe der Kirche gründen; nicht das Concil verleiht dem Papste die Unfehlbarkeit, sondern indem sich der Papst des **Concils bedient** und die Hülfe der Gesammtkirche anruft, wird offenkundig, **daß er** nun als Lehrer der Gesammtkirche auftrete. Der hl. Lehrer hätte auch **noch** andere Zeichen anführen können, wodurch es offenkundig wird, daß der Papst nicht als Privatmann rede; und er redet in der That an andern Orten von dem bloßen Entscheid des Papstes, dem wir uns in Glaubenssachen unterwerfen müssen. Wäre dieser angegebene nicht der Sinn des Heiligen, **so** wäre die Berufung auf: „Ich habe für dich gebetet", zwecklos, da diese Worte an Petrus gerichtet sind, **in seiner Unterscheidung** von den übrigen Aposteln. Denn da der **Grund,** **warum der** Papst, wenn er sich des Concils bedient, nicht irren kann, **in den Worten** gefunden werden soll, die an ihn allein in der Person des Petrus gerichtet sind, so ist klar, **daß die** Unfehlbarkeit des Papstes im Concil nicht vom Concil abhängt, sondern vielmehr jene des Concils von der des Papstes, dem sie in jenen Worten verheißen ist.

Endlich aber, warum setzt der hl. Antonin bei: „Und es kann nicht geschehen, daß die Gesammtkirche etwas Irrthümliches für Wahrheit hinnähme." Alles steht im schönsten Zusammenhange. Der hl. Lehrer bedient sich nämlich eines doppelten Beweises für seine Behauptung von der Unfehlbarkeit des Papstes; den ersten lieferte er ab antecedente, wie man zu sagen pflegt, und er führt ihn aus den Worten Christi bei Lukas 22.; den zweiten aber a consequente, nämlich aus jener Unwandelbarkeit im wahren Glauben, welche Christus seiner Kirche versprochen hat. Da nämlich die Kirche vom wahren Glauben nicht abirren kann, und da sie andererseits in ihrem Glauben von den Dekreten der Päpste abhängt, so folgt auch daraus, daß auch diese unfehlbar sein müssen. Diesen Zusammenhang deutet übrigens der Heilige an einer andern Stelle selbst an,[1] wenn er sagt: „Beachten wir, daß die Kirche, die nicht irren kann, und der Glaube, der nicht Schaden leiden kann, die Römische Kirche und der Glaube der Römischen Kirche ist. Deshalb sagt der hl. Hieronymus: „die heilige römische Kirche, die allezeit wankellos blieb c."" Den Grund hiefür gab der hl. Lehrer etwas näher an, da er sich auf die Worte Christi berief: „Ich habe für dich gebetet c."

Ganz derselbe Gedankengang findet sich auch in den übrigen Stellen, welche in der als Manuscript gedruckten Broschüre angeführt worden, und es lohnt sich nicht der Mühe, sie alle im Einzelnen durchzugehen. Indessen ist es nicht ohne Interesse, zu sehen, wohin der Verfasser endlich geräth, indem er seine Meinung aufrecht zu erhalten sucht. Er führt unter Anderm auch eine Stelle aus dem hl. Antonin an,[2] wo Diejenigen des Irrthums überführt werden, die der Meinung Johannes XXII. nicht beipflichten wollten. „Aber eben diese verworfenen Menschen sind wahre Häretiker, weil sie gegen eine katholische Lehrentscheidung auftreten, die doch erlassen wurde durch die Kirche und den Papst Johann XXII. und alle Nachfolger desselben, die wahren katholischen Päpste, und durch alle übrigen Kirchenfürsten, und die Lehrer beider Rechte, und eine große Zahl von Lehrern der Theologie aus allen Orden angenommen, geprüft, und als höchst wahr erkannt wurde." Was liest nun der Verfasser der als Manuscript gedruckten Broschüre aus diesen Worten heraus? „Das also, sagt er, ist ein unveränderlicher Beschluß und eine Glaubensregel, was vom Papste bestätigt, von der Gesammtkirche angenommen, geprüft und erkannt worden ist." (S. 48.) Glaubt der Verfasser wirklich, daß alle jene Momente, deren der hl.

---

[1] Sum. part. IV. tit. 8. c. 4. §. 4.   [2] Ibid. p. IV. tit. 12. §. 28.

Antonin Erwähnung that, **um die Hartnäckigkeit dieser Leute zu beschämen,
nothwendig sind zu einem unveränderlichen Beschluß** und zur Glaubensregel?
Wie, wenn also nicht „die Doktoren beider Rechte" und „sehr viele Lehrer
der Theologie" ein Dekret geprüft und gebilligt haben, ist es dann ohne
Gültigkeit und Kraft? „Aber, **fragt er, warum beruft sich Antonin nicht
auf das persönliche Urtheil des Papstes allein, sondern auf das Ansehen
der Gesammtkirche?"** (S. 48.) Die Antwort ist: „weil er die Unverschämt=
heit dieser Leute zurückweisen wollte, die nicht sahen am hellen Tage, wo das
Licht von allen Seiten leuchtet, da sie doch auf das Ansehen des Papstes allein
hin sich hätten unterwerfen sollen." Unsere als Manuscript gedruckte Broschüre
aber antwortet endlich darauf: „Weil eben der Gesammtkirche die Verheißun=
gen gegeben worden sind, und weil Gott, als er betete, daß der Glaube des
Petrus nicht wanke, für den Glauben der Gesammtkirche betete." (S. 48.)
Also **Petrus** sind die Verheißungen nicht gegeben worden? Also nicht
Petrus wird die Brüder, sondern die Brüder den **Petrus** stärken? Also
nicht das Fundament gibt dem Bau seine Festigkeit, sondern der Bau dem
Fundamente? Also die ganze Construktion der Kirche wird von Grund
aus umgekehrt?

Eben so sonderbar ist der Sinn, welchen der Verfasser einer andern
an und für sich äußerst klaren Stelle beilegt,[1]) besonders wenn man die
Schlußworte beifügt, welche der Verfasser wegließ. „Der Glaube der Ge=
sammtkirche kann nicht wanken, da der **Herr zu** Petrus sagte (Luc. 22.):
„Ich habe für dich gebetet, **daß dein Glaube nicht wanke.**" In=
sofern sich dieses Wort auf die Person Petri bezieht, ist sie von seiner
endlichen Beharrlichkeit zu verstehen, **daß** er nämlich nicht in der Sünde
seiner Verleugnung verharre; insofern es sich aber auf die Kirche bezieht,
die unter dem Glauben des Petrus verstanden wird, ist es einfachhin wahr,
da der Glaube der Kirche nicht wanken kann. Der Grund, weßhalb der
Glaube der Kirche nicht wanken kann, ist, weil die Kirche von der göttlichen
Vorsehung geleitet wird, nämlich vom hl. Geiste, der sie führt, daß sie nicht
irre. Denn wenn auch der Papst in einzelnen Fällen irren kann, wie in
gerichtlichen Dingen, wo Alles von Informationen bedingt ist; so kann er
doch in Dingen, die zum Glauben gehören, nicht **irren,** nämlich wenn **er**
als Papst entscheidet, wiewohl er als einzelne Person und als Privatmann
es kann. Deßhalb ist mehr auf den Ausspruch des Papstes zu geben, den
er in öffentlicher Sitzung (judicio) in Glaubenssachen gethan, **als** auf die

---

[1]) Sum. part. IV. tit. 8. c. 3. §. 5.

Meinung was immer für Gelehrter, da ja auch Caiphas (dieses läßt das Manuscript weg), wiewohl er schlecht war, ohne Wissen Prophet war."

Was sagt nun hiezu der Verfasser der als Manuscript gedruckten Broschüre? „Daraus geht offenbar hervor, meint er, dann spreche der Papst als Papst, wenn er die Lehre und den Sinn der Gesammtkirche ausspricht, und mit seinem Ansehen bestätigt. Denn der hl. Antonin leitet die Unfehlbarkeit des Papstes von der Unfehlbarkeit der Kirche ab, und da der Glaube der Gesammtkirche nicht wanken kann, weil die Kirche durch die göttliche Vorsehung geleitet und vom hl. Geist geführt nicht irren kann, so folgert er, könne auch der Papst, wenn er als Papst spricht, nicht irren. Dieser Schluß setzt aber voraus, daß der Papst als Papst dasselbe sei, wie die redende Gesammtkirche, der Papst rede in soweit als Papst, inwieweit er die Gesammtkirche vertritt. Der heilige Augustin würde sagen, in wieweit im Papste die ganze Kirche zusammengenommen und aufgefaßt wird, in wieweit der Papst die Anschauung und den Sinn der Gesammtkirche mit seiner höchsten Auctorität bestätigt, besiegelt und allen Gläubigen vorlegt." (S. 49.)

Wo dieses hinaus soll, ist leicht einzusehen. Warum, ich bitte, kann die Kirche nach dem heiligen Antonin nicht wanken? Weil der Herr zu Petrus sagte: Ich habe für dich gebetet. Freilich wird die Kirche durch den hl. Geist geleitet, aber mittelst des Petrus, dem Gott beisteht, daß er nicht irre. Deßwegen fügt der hl. Lehrer nach den Worten, daß die Kirche durch den hl. Geist geleitet werde, sogleich bei: denn wenn auch der Papst u. s. w. Nach der Anschauung des Verfassers leitet die Kirche den heiligen Vater, weiden die Schafe den Hirten, lehren die Schüler den Lehrer, regieren die Unterthanen den Fürsten, die Glieder das Haupt. Wenn sich aber solche Folgerungen aus der Anschauung des Verfassers in rechtlicher Weise ergeben, so dürfte es wohl überflüssig sein, dieselben eines weiteren zu widerlegen. „Der Papst vertritt die Gesammtkirche;" allerdings, aber wie der Hirt die Heerde, wie der Vater die Familie, der Feldherr das Heer; nicht aber wie ein Deputirter seine Wähler, oder wie der Bediente seinen Herrn, wenn er dessen Befehle ausrichtet. Wenn es Sache des Papstes ist, „die Anschauung und den Sinn der Gesammtkirche zu bestätigen, zu besiegeln und allen Glaubigen vorzulegen", warum ist es dann nicht Sache des Bischofes, die Anschauung und den Sinn seiner Diöcese mit seinem Ansehen zu bestätigen, zu besiegeln und seinen Diöcesanen vorzulegen? Wir haben also auf einmal ein ganz demokratisches Regierungswesen in der Kirche! Es wird künftig der Bischof bei seinen Diöcesanen nachzusehen haben, was er nicht nur selbst glauben und lehren soll, sondern auch, was er eben diesen vorschreiben könne; denn was vom Lehramte gilt, gilt auch von der Verwaltung. Und dem Allem stehen diese Worte: „Weidet die Heerde, die euch anvertraut ist," nicht im Wege, denn diese Worte, die man bis dahin an die Bischöfe gerichtet hielt, sind nun in derselben Weise zu erklären, wie jene zu Petrus: „Ich habe für dich gebetet." Wie also diese von nun an als zur Kirche gesprochen geglaubt werden müssen, so daß jene die Nachfolger Petri festige, so sind auch die Worte, welche bis dahin als zu den Bischöfen gesprochen galten, nun von den Diöcesanen zu verstehen. Denn es wäre nicht billig nur die Rechte des obersten Hirten zu beschränken. Es hat natürlich auch wenig zu bedeuten, daß Christus allen Aposteln zugleich sagte: „Sehet ich bin bei Euch", denn diese großartige Verheißung und die damit in Verbindung stehende Rechtsverleihung ist nicht von dem Apostel-Collegium zu verstehen, dem sie gegeben worden, sondern nur von den Gläubigen, zu deren Gunsten sie gegeben worden. Kurz, warum soll Dasjenige, was von der Gesammtkirche gilt, nicht auch von jeder Einzelkirche gelten? Sind denn nicht alle Zweige des Baumes dem Baume selber ähnlich? Damit ist aber die ganze bisherige Gestalt der Kirche von Grund aus zerstört, und wir haben einen rein demokratischen Bau; denn auf halbem Wege können wir hier nicht stehen bleiben, so daß wir nur die Rechte des Papstes, die noch bestanden, beschränkten. Bonum ex integra causa ist ein altes Axiom, was gut, ist es durch und durch.

Wenn Jene, welche die Grundsätze aussprechen, die Folgerungen nicht ziehen, werden Andere es thun. Grundsätze sind wegen ihrer Allgemeinheit zweischneidige Schwerter.

5. Der Verfasser der „Bemerkungen" hat es sich zur Aufgabe gemacht, nachzuweisen, von wem die Lehre der Unfehlbarkeit des Papstes in die Schulen gebracht worden sei. Weit leichter hätte er nachweisen können, wo die entgegengesetzte Lehre ihren Ursprung genommen habe. Denn wie es mit allen Meinungen, die der Lehre und dem Glauben Aller entgegentreten, von jeher gegangen ist, so geht es auch mit dieser, ihr Ursprung läßt sich genau nachweisen. Er liegt aber nirgend anders als in dem an Häresieen und Irrthümern so fruchtbaren 14. Jahrhundert.

Bei dem Verfasser der als Manuscript gedruckten Broschüre begegnete uns bereits jene Stelle des heiligen Antonin: „Aber eben diese verworfensten Menschen sind wahre Häretiker" 2c. Damit bezeichnet der Heilige die ersten Verfechter dieses Irrthums im Westen, deren Sache der Verfasser vertritt, nämlich der sog. „Fraticolli". Ich sage im Westen, denn was den Osten angeht, so führt der heilige Thomas diesen Irrthum unter jenem der

Griechen an.¹) Von den „Fraticelli" hat, soweit bekannt, kein Mensch dieser Meinung gehuldigt. Diese selbst aber wurden sowohl dieses, als auch anderer Irrthümer wegen unter die Häretiker gerechnet.

In den Versammlungen, welche der Orden der Minoriten i. J. 1331 zu Perpignan hielt, wurde über Michael von Cäsena, Wilhelm Ocham und Andere das Urtheil gesprochen, und es heißt darin: „Daß sie Häresieen verbreiten, geht ohne allen Zweifel aus mehren Zetteln und Briefen hervor, welche benannter Michael mehreren Personen und Genossenschaften an verschiedenen Orten zuschickte, und die wir von sehr vielen Doktoren der Theologie und andern in der Gottesgelehrtheit bewanderten Männern prüfen ließen. Aus ihnen nun ergaben sich auf's Klarste vielerlei Irrthümer, die nach unsern und besagter Doktoren, oder besser nach dem Urtheile der Gesammtkirche mit Recht für häretisch zu halten sind... Der vierte (Irrthum) ist, daß die Constitutionen, welche der Papst, wenn er rechtmäßig Papst geworden, unter Zuziehung (de consilio) des heiligen und getreuen Collegiums der hochwürdigen Cardinäle erließ, häretisch seien."²) Sie erklärten nämlich die Constitution Johannes XXII. über die Armuth Christi und der Apostel für häretisch; sie selbst aber, — das geht aus dem unbestimmten oder verallgemeinernden Ausdrucke hervor, — wurden für Häretiker gehalten, weil sie behaupteten, der Papst könne bei Erlassung solcher Constitutionen, oder wenn er „ex cathedra" spricht, irren. Es ist namentlich Wilhelm Ocham, der als derjenige unter den Fraticellen bezeichnet wird, welcher diesen Irrthum zuerst vorbrachte.³) Wie übrigens Raynald⁴) bemerkt, hat „Michael von Cäsena zugleich mit Ocham und Andern die gottlose Provocation gegen den Papst Benedikt verfaßt, worin er ihn der Häresie für schuldig erklärte, weil er die Glaubensentscheidungen, welche Johannes ausgegeben, in Schutz nahm und aufrecht hielt. In dieser Schrift traten diese treulosen Häretiker für die Meinung auf, daß ein Glaubensdecret, das der Papst erlassen habe, so lange als häretisch verworfen werden könne, bis ein Concil darüber entschieden habe."

Später verlor sich diese Lehre fast vollständig, und zur Zeit der Concilien von Constanz und Basel tauchte sie da und dort wieder auf und fand einige Anhänger, worunter auch Gerson. Daher äußert sich hierüber

---

¹) Opusc. contra Graec. ²) Raynald, ad a. 1331.
³) Genebrard: in Chron. ad a. 1327. apud Aguirre, defensio Cathed. Pet. disp. 39. n. 2.
⁴) Ad a. 1338. n. 15.

in Bezugnahme auf den Ursprung dieser Lehre ein Zeitgenosse, der in theologischen Fragen ebenso bewandert war, wie er von dem Verlaufe der Ereignisse und dem Charakter der Betheiligten unterrichtet gewesen, nämlich der Cardinal Johannes von Turrecremata: „Man staunt nicht wenig, wenn man sieht, wie die Gegner auf dem Concil von Basel in einer solchen Unwissenheit liegen und durch ihre Böswilligkeit so mit Blindheit geschlagen sind, daß sie bei Entscheidung und Erklärung von Glaubensfragen lieber Menschen anhangen, welche von der Kirche Gottes ihrer Lehre wegen verurtheilt wurden, als jenen heiligen Lehrern, die die Kirche als die ihrigen anerkannte, und den andern vorzüglichen Doktoren des Alterthums. Denn zu jenen verurtheilten gehören Marsilius von Padua, Ocham mit seinen Anhängern, deren Schriften größtentheils die genannten Baseler-Dekrete entnommen sind; zu ihnen zählen auch einige junge Afterdoktoren (novellos doctorellos), die die irrthümlichen Lehren des genannten Ocham und einiger „Fraticelli" wieder auftischen." [1]

Nach Beilegung des Schisma im Westen, und nach Unterdrückung der Baseler Unruhen schlummerte auch diese Lehre wieder ein, bis sie im J. 1682 auf den Versammlungen des gallicanischen Clerus wieder auftauchte, wiewohl derselbe Clerus die entgegengesetzte Lehre bis dahin auch öffentlich vertreten hatte.

Diese neue Anschauung erregte daher allgemeine Ueberraschung, und sie wurde feierlich von Universitäten verworfen, von gelehrten Männern bekämpft, von Päpsten verurtheilt, ja selbst von mehrern Urhebern der Deklaration zurückgenommen. Denn auch dieses hat diese Lehre mit allen Neuerungen und Abirrungen vom rechten Wege gemein, daß ihr Auftreten großes Aufsehen erregte, und gerade dieses verräth sie als Neuerung.

---

[1] Joan. de Turrecremata, Summa de Eccl. lib. II. c. 100.

XIV.
Das II. Concil von Lyon.

1. Welches ist der Sinn der Glaubensformel, die auf dem Concil zu Lyon aufgestellt wurde? — 2. Die Erzählung des Verfassers weicht von der wahren Geschichte ab. — 3. Der Sinn des Glaubensbekenntnisses wird klar gestellt durch eine andere Formel, welche den Armeniern vorgelegt wurde. — 4. Sein Erfolg bei der Abschweifung zum Florenzer Concil.

1. Der Verfasser der „Bemerkungen" sucht den Beweis zu entkräften, den man gewöhnlich für die Unfehlbarkeit des Papstes aus dem Glaubensbekenntnisse nimmt, welches Michael Paläologus und die griechischen Bischöfe auf dem II. Concil von Lyon ablegten. Die hieher bezüglichen Worte desselben sind: „Eben diese hl. Römische Kirche behauptet auch rechtlich den höchsten und vollen Primat und die Oberhoheit über die ganze Kirche; ein Vorzug, den sie vom Herrn selber im hl. Petrus, dem Fürsten oder Haupte der Apostel, dessen Nachfolger der Papst ist, mit aller Vollgewalt erhalten zu haben der Wahrheit gemäß und in Demuth anerkannt. Und wie sie vor Allen gehalten ist, den Glauben zu bekennen, **so muß auch** jede etwaige **Glaubensfrage durch ihr Urtheil** entschieden werden."

Unser Verfasser fügt den letzten Worten nun sogleich bei: „daß aber eine Entscheidung, welche der Papst ohne jeden Ausdruck von Beistimmung Seitens der Kirche gegeben hat, unabänderlich sei, wird nicht gesagt." (S. 77.) Aber es wird **auch** nicht gesagt, **daß** der Papst **nur** mit Zustimmung der Kirche eine Glaubenssache entscheiden könne; mit welchem Recht fordert man also diese Zustimmung? Im Gegentheile aber wird ausgedrückt, daß die Zustimmung der Kirche nicht nothwendig sei, um eine Entscheidung unveränderlich zu machen. Das ist ja die Bedeutung des Wortes entscheiden, definiren, daß das Urtheil ein ausdrückliches und unwandelbares ist, wie die Redeweise auf den Concilien zur Genüge darthut. **Daher kommt es, daß von Bischöfen,** wiewohl sie auch für sich wahre Glaubensrichter sind, **doch nie gesagt wird,** sie entschieden, definirten Glaubenswahrheiten, **außer wenn** sie im allgemeinen Concil mit dem Papste vereinigt sind. Der Grund ist, weil das Wort definiren nicht ein beliebiges Urtheil bezeichnet, sondern das letzte, welches der Frage ein Ende macht oder unabänderlich **und** unwandelbar ist. Es wird also in dieser Formel dem **Papste, von dessen Rechten die Rede ist,** das Urtheil in Glaubensfragen mit denselben Worten zugestanden, **mit** denen es den allgemeinen

Concilien zugestanden wird. Wenn dieses unveränderliche Urtheil, wie es die Worte angeben, dem Papste allein, denn von ihm allein ist die Rede, nicht zukommt, so ist falsch, was von ihm behauptet wird.

Und in der That, nehmen wir an, der Sinn der Worte sei dieser: „wenn Glaubenszweifel auftauchen, so müssen sie durch sein Urtheil geschlichtet werden" — d. h. im Verein mit dem ganzen Episcopat und dem allgemeinen Concil —: so wird dem hl. Vater nichts Anderes zugestanden, als was jedem Bischofe zukömmt, denn auch er entscheidet in solcher Weise unter Zustimmung der übrigen Bischöfe die Glaubensfragen. Wer sieht nun aber nicht, daß es sich an dieser Stelle um die Bedeutung des Primates handelt, und was dem hl. Vater in Kraft desselben, also auch ihm allein zukommt? ist ja doch vom Primat und der Oberhoheit und dem Gehorsam die Rede, welchen man dem Papst schuldet.

Wenn also Jemand behaupten wollte, der Papst dürfe Glaubenssachen nur im Verein mit den übrigen Bischöfen, oder wie Einige zu sagen belieben, „nur unter Beistimmung der Kirche" entscheiden, so muß er auch, um consequent zu sein, behaupten, der hl. Vater habe nur im Verein mit den übrigen Bischöfen oder unter Zustimmung der Kirche die höchste Gewalt zu befehlen. Denn diese Formel redet in ganz gleicher Weise von der Gewalt zu befehlen und der zu definiren.

2. In seinem Bemühen, die Beweiskraft dieses Glaubensbekenntnisses abzuschwächen, fährt der Verfasser fort: „Ferner sind die griechischen Bischöfe in ihren Briefen zwar sehr wortreich, wo es sich aber endlich um die Anerkennung das Primates handelt, versprechen sie nur dieses: „Wir verweigern jenem nichts von allem, was unsere Väter vor dem Schisma jenen leisteten, welche den apostolischen Stuhl inne hatten, sondern auch wir gewähren es ihm." (Mansi XXIV. c. 74.)[1] Die Nachfolger Gregor X., der im Januar 1276 gestorben, bestanden darauf, es möchten die Bischöfe der vom Kaiser aufgestellten Formel beitreten, und sie mit einem Eide beschwören; aber alle suchten dem auszuweichen, selbst der Patriarch Veccus und andere, die nach Michaels Tode ihrem katholischen Glauben durch schöne Handlungen Zeugniß gaben, da sie ja lieber Schmach, Absetzung und Kerker ertrugen, als von der Einheit abfallen wollten." (S. 77—78.)

Aber, was soll das Alles, wenn es auch wahr wäre? Wird etwa die Kraft der Formel dadurch geschwächt, daß sie die Griechen nicht annahmen, da sie vom allgemeinen Concil bestätigt ist? Sind also auch die Beschlüsse

---

[1] An der angeführten Stelle findet sich von dem allem nichts.

der Synode von Trient kraftlos, weil die schismatischen Griechen dieselbe nicht annahmen? Indessen liegt auch der geschichtliche Thatbestand ganz anders, als er hier erzählt, oder besser, fast in Allem unrichtig dargestellt wird.

Zunächst hatten die Griechen dieses Glaubensbekenntniß schon vor dem Concil von Lyon beschworen. Denn dasselbe war ja den Griechen schon 1267 von Clemens IV. mitgetheilt worden in einem Briefe an den Kaiser, der mit den Worten beginnt: „Das Schreiben deiner Hoheit ꝛc." [1]) Die Eidesformel aber wurde im Jahre 1270 während der Sedisvakanz von dem Collegium der Cardinäle vor der Wahl Gregor X. festgestellt und durch den Cardinal Rudolf von Albano abgeschickt. [2]) Die Cardinäle beschlossen ferner, daß die Griechen alle noch vor der Eröffnung des allgemeinen Concils in der Versammlung der allgemeinen Synode die von Clemens IV. ihnen übersandte Glaubensformel feierlich beschwören müßten. [3]) Die Synode der Griechen trat zusammen, wie Mansi meint, [4]) 1273, oder wenigstens Anfangs 1274. Die Schwüre aber leisteten alle, mit wenigen Ausnahmen, unter denen der Patriarch Josephus von Constantinopel, von dem aber die Bischöfe in ihrem Schreiben an den Papst versprachen, daß er von seinem Stuhle werde verstoßen werden, falls er in seiner Hartnäckigkeit verharren sollte. [5])

Die Griechen haben dieses Glaubensbekenntniß ferner im Concil von Lyon bestätigt. In der Eidesformel heißt es unter Anderm: [6]) „Ich . . . Abgeordneter (nuncius), der ich von eben denselben hinlänglich bevollmächtigt bin zu Folgendem (ad infrascripta), schwöre jedes Schisma ab und erkenne, daß unterzeichnete Glaubenswahrheit, wie sie vollständig verlesen und

---
[1]) Apud Raynald Annal. ad an. 1267. n. 72.
[2]) Ib. ad an. 1270. n. 3. et 5.   [3]) Ib. n. 4.
[4]) Ap. Rayn. ad an. 1274. n. 15 in nota.   [5]) Ib. n. 16. 17.
[6]) Mansi, XXIV. pag. 77. — Daß diese Eidesformel fehlerhaft sei und nicht in allen Punkten auf die Abgeordneten der Bischöfe passe, schließen Viele aus den Worten Dei et Domini nostri nomine, die aus den Worten dicti Domini nostri (Imperatoris) entstanden sein sollen. Siehe die erwähnte Anmerkung bei Mansi. Wenn aber übrigens auch diese Eidesformel ganz untergeschoben wäre, so würde daraus nicht folgen, daß das unrichtig sei, was die Geschichtschreiber ohne Unterschied berichten, daß die Abgeordneten der Bischöfe das Glaubensbekenntniß abgelegt und mit einem Eide beschworen haben. Daß die griechischen Bischöfe auf dem Concil von Lyon sich mit der katholischen Kirche wieder vereinigt haben, geht deutlich hervor aus dem Schreiben, welches der Papst Gregor nach dem Concil an dieselben richtete; (Mansi, tom. XXIV. pag. 79. 80) diese Wiedervereinigung konnte aber nur Statt finden, wenn sie das Glaubensbekenntniß nach der ihnen vorgelegten Formel ablegten. Dasselbe geht auch hervor aus den Briefen, welche die Päpste Innocenz V. und Nicolaus III. an sie richteten. Vgl. Marténe, Scriptorum monumenta tom. VII. pag. 250. 264.

von mir getreu erklärt worden, im Namen unseres Herrn und Gottes die wahre, heilige katholische ist; ebendieselbe will ich, so verspreche ich, in derselben Weise unverbrüchlich festhalten, wie sie die heilige römische Kirche festhält und getreu lehrt und verkündet. Auch den Primat eben dieser hochheiligen römischen Kirche, wie er in obigem Contexte enthalten ist, bekenne ich, und anerkenne ich, und nehme ich an und nehme ich in freier Wahl auf mich," 2c. Die Geschichtschreiber erzählen aber durchweg, daß dieser Eid im Namen der griechischen Bischöfe geleistet worden sei. So unter andern Raynald:[1]) „Den Briefen der Griechen an den Papst wurde die Eidesformel beigefügt, in welcher der Abgeordnete der Väter des Concils von Constantinopel sich verpflichten und den orthodoxen Glauben bekennen sollte; dieselbe ist ganz in den Worten abgefaßt wie jene, welche der Acropolit Gregorius im Namen des Kaisers Paläologus ablegte." Wading sagt [2]) „Der große Logotheta (Gesandter des Kaisers) ... bekannte den nämlichen Glauben, der im Concil verlesen wurde, und sagte, diesen wolle der Kaiser und seine Unterthanen glauben und festhalten. Dann fügte er den Eid in derselben Weise bei wie die Andern: Ich Gesandter, von ebendemselben bevollmächtigt" 2c. Laurenzius Cozza berichtet:[3]) „Hierauf wurden die Briefe verlesen, welche die Prälaten geschickt hatten. In denselben hatten unter andern 26 Metropoliten, die ausdrücklich angeführt waren, den Glauben der Römischen Kirche und die vorzunehmende Einigung mit ihr unterzeichnet, wiewohl der Patriarch von Constantinopel, Josephus, nicht dazu gebracht werden konnte. Daran reihte sich der Eid; da aber dieser wörtlich derselbe ist, wie jener des Kaisers, so ist es unnütz, ihn nochmals anzuführen."

Endlich bestätigten die Griechen dieses Glaubensbekenntniß mit einem Eidschwur nach dem Concil von Lyon, und nachdem Gregor X. bereits gestorben war, und hierin ging ihnen Joannes Veccus voran. Denn Raynald berichtet: „Johannes Veccus, der Patriarch von Constantinopel, versäumte seine Pflicht nicht; denn auf einer Synode zu Constantinopel anerkannte er die Römische Kirche als die Mutter aller Kirchen und Lehrerin des rechten Glaubens, den Römischen Papst aber als den obersten Hirten aller Christgläubigen."[4]) Das Synodal-Schreiben an den Papst trägt folgende Ueberschrift: „Schreiben des Patriarchen von Constantinopel und des Concils

---

[1]) Ad ann. 1274. n. 17.
[2]) Annal. Min. ad ann. 1274. n. 6. tom. 10. p. 395. Romae 1732.
[3]) Hist. de Graec. schism. tom. II. part. 4. c. 31. n. 1361—1367.
[4]) Raynald ad a. 1277.

mit dem Glaubensbekenntnisse und der Anerkennung des Primats." Nachdem sie auf die Anerkennung des **Primates** zu sprechen kamen, fahren sie fort: „Denn wir sagen und wir nehmen hiebei Gott und die Engel zu Zeugen"¹) ꝛc. Damit ist der Eid angedeutet; ferner: „dem apostolischen Stuhle bestätigen wir wieder unverbrüchlich und unversehrt **alle** Vorzüge und Privilegien, welche die mächtigen **und** seligen Kaiser, sowie die frommen (deiferi) Väter, unsere Lehrer, vor **dem Schisma Betreffs des Primates des apostolischen Stuhles, um** ihren Gehorsam **zu bekunden, offen anerkannten** (ad primatum apostolicae sedis in obedientiam ostendebant), daß nämlich die hochheilige Römische Kirche den höchsten und vollständigen Primat und die Oberhoheit über die gesammte katholische Kirche besitzt, und daß sie denselben in der Person des heil. Petrus, des Fürsten oder Hauptes der Apostel, dessen Nachfolger **der** Römische Papst ist, in sich aufgenommen habe mit der Fülle der Gewalt; dieses anerkennen wir wieder in Wahrheit und Demuth. Und wie sie daher vor andern gehalten ist, den Glauben zu vertheidigen, so müssen auch etwaige Glaubensfragen durch ihr Urtheil geschlichtet werden."²) **Es** verdient beachtet **zu** werden, daß die Griechen durch ihr Bekenntniß vom Primat den Glauben ihrer Väter vor **dem Schisma** zu bekennen behaupten; **damit** ist also gesagt, daß **sie der Meinung waren,** was sie hier dem Römischen Papste einräumen, sei ihm auch schon von den Vätern eingeräumt worden.

Aus **allem dem ist** nun klar, wie viel Glaube alles jene verdient, was unser Verfasser über **dieses** hochberühmte Glaubensbekenntniß zu sagen weiß.

Aber **er** möchte dasselbe **noch** von einer andern Seite abschwächen. „Die lateinischen Prälaten, sagt er, waren zwar zu Lyon versammelt, als das Glaubensbekenntniß des Kaisers verlesen wurde: aber über dessen Wortlaut haben sie **nicht** berathen noch Beschluß gefaßt." (S. 78.)

Wie, die Väter haben keinen Beschluß gefaßt, kein Dekret erlassen? Ist denn das Glaubensbekenntniß selbst weniger als ein Dekret? Wie groß aber die Freude, und der Jubel . . . . gewesen, und wie auffallend **die** Uebereinstimmung Aller in demselben Glauben **war,** nachdem **die Griechen** das Bekenntniß abgelegt hatten, das berichten dieselben Geschichtsschreiber, die **wir** oben anführten.

Aber über **den Wortlaut des Bekenntnisses ist** keine Berathung gehalten worden! **Was folgt daraus?** Etwa, daß die Bestätigung **des** Concils und sein **Urtheil über die Formel** fehlte? Aber ist denn erstens zu einem Urtheil

---

¹) Mansi, tom. XXIV. p. 185. ²) Ibid. p. 186.

immer eine **Berathung** nothwendig? Wer will es behaupten? Allerdings ist kein **Urtheil möglich**, wenn die fragliche Sache nicht gekannt ist; aber das ist möglich **ohne eine** Berathung **oder eine Erörterung**, die nur dann nothwendig sind, **wenn die Sache dunkel**, zweifelhaft **oder** weniger bekannt ist. Welche Sache war bekannter, **und** bedurfte folglich weniger einer Berathung als diese Glaubensformel, **die** bereits vor 7 Jahren den Griechen vorgelegt wurde, und somit **auch** den Lateinern nicht unbekannt war, die endlich nur Dinge enthielt, **welche bei den Lateinern längst angenommen und üblich** waren.

Zweitens aber ergibt sich eben daraus (selbst nach der Anschauung des Verfassers) ein Beweis für das Ansehen des Papstes, wenn es sich um Entscheidungen in Glaubenssachen handelt. Die Griechen nämlich und **die** Lateiner enthielten sich jeder Berathung, weil der Papst Clemens IV. in seinem **Briefe an** den Kaiser es so geordnet hatte, „die vorgeschriebene orthodoxe Glaubenswahrheit (das Glaubensbekenntniß) soll aber, wie es sich denn auch nicht ziemt, und **wie es** unser Wille ist, keiner neuen Erörterung und Entscheidung unterworfen werden, so daß sie dadurch gewissermaßen widerrechtlich in Zweifel gezogen würde. Wenn daher in besagter Schrift von **der** Zusammenberufung des Concils gehandelt wird . . . . so ist es doch durchaus nicht unsere Absicht, das Concil zu **einer** derartigen **Erörterung und** Entscheidung zu berufen . . . **weil es** vollständig ungeziemend wäre, ja nicht einmal gestattet oder **heilbringend**, genannten reinen Glauben in Zweifel zu ziehen, nachdem er durch soviele Stellen **der** hl. Schrift und so **viele** Aussprüche der Heiligen bekräftigt und durch **die** unwandelbare Entscheidung (stabili definitione) so vieler Päpste bestätigt ist." [1])

3. Wenn der Sinn der Formel von Lyon wirklich dunkel wäre, so fände er eine Erklärung in jener andern Formel, welche durch den apostolischen Stuhl den Schismatikern Armeniens vorgelegt wurde, wie jene **den** Griechen. Als es sich nämlich um die Wiederaufnahme der Armenier handelte, **so** legte Papst Clemens VI. nach reiflichen Berathungen mit den Cardinälen und Andern ihrem Patriarchen, der seinen Glauben in einigen Punkten nicht klar genug ausgesprochen hatte, unter **andern** auch diesen Punkt zur Annahme und Unterzeichnung **vor:** „Hast du geglaubt **und glaubst** du noch, einzig der Römische Papst könne bei auftauchenden Glaubenszweifeln durch authentische Entscheidung, die unverbrüchlich **anzunehmen ist, die Frage beenden; und** es sei katholische Wahrheit, was

---

[1]) Raynald ad a. 1267. n. 79.

er immer in Kraft der ihm von Christus übertragenen Schlüssel für wahr erklärt; was er aber für falsch erklärt, sei auch für häretisch anzunehmen." — Hier wird doch wohl der Verfasser nicht in Abrede stellen wollen, es werde klar ausgesprochen, der Papst könne ohne jede ausdrückliche Beistimmung der Kirche Glaubenssätze feststellen. Denn es ist ja von dem die Rede, was er in Kraft der ihm übergebenen Schlüssel kann; zur Verwaltung der Schlüsselgewalt aber bedarf er wahrlich der Beistimmung der Kirche nicht.

4. Endlich kommt der Verfasser auf das Concil von Florenz zu sprechen. Darüber sagt er: „Wenn die Päpste geglaubt hätten, daß im Concil von Lyon ihre Unfehlbarkeit in Glaubenssachen beschlossen worden, so hätte Eugenius IV. im Concil von Florenz ohne Zweifel von den Griechen dieses Bekenntniß gefordert." (S. 78.) Aber wie, wenn er es nun wirklich gefordert hat! Es ist doch allbekannt, daß die Theologen aus jenen Worten des Concils von Florenz „der Papst sei zum Vater und Lehrer aller Christgläubigen bestellt" eines ihrer entscheidendsten Argumente für die Unfehlbarkeit des Papstes ableiten. Die Gründe sind einleuchtend. Und man kann diesen Beweis nicht umstoßen, indem man etwa sagt, es sei die Beistimmung der Kirche eingeschlossen, die zu den Beschlüssen des Papstes hinzukommen müßte; denn es ist hier von dem die Rede, was dem Papst in Kraft des Primates zukommt. Nun wird aber doch Niemand sagen, der Papst könne sich der Rechte des Primates nur bedienen, in wie weit die Kirche beistimmt. Und in der That, wenn das Concil definirt: „der Römische Papst besitze den Primat über die ganze Welt; und der Römische Papst sei der Nachfolger des hl. Petrus, des Fürsten der Apostel, der wirkliche Stellvertreter Christi, das Haupt der ganzen Kirche, aller Christgläubigen Vater und Lehrer" u. s. w.: so sagt es, der Römische Papst sei in dem Sinne Lehrer, in welchem es ihn mit allen Christgläubigen den Vater, und das Haupt der ganzen Kirche nennt. Der Gläubigen Vater und Haupt der Kirche ist er unabhängig von ihrer Beistimmung; also ist der Papst in gleicher Weise nach der Meinung des Concils aller Christgläubigen Lehrer.

Der Verfasser schließt mit dem Zusatze: quemadmodum etiam ($\varkappa\alpha\vartheta$' ὅν τρόπον καί etc.) Eugenius habe von den Griechen dieses fragliche Bekenntniß nicht gefordert. Was der Verfasser hierüber beifügt, ist bekannt, und wir wissen, woher er es nahm; aber wissen auch, wie es seine Würdigung fand. Durch die Worte $\varkappa\alpha\vartheta$' ὅν τρόπον, meint er, werde dasjenige, was die Griechen im Vorausgehenden sagten, beschränkt. Gerade im Gegentheil, wird es dadurch bekräftigt. Ein neuer Beweis für diese Behauptung findet sich in dem jüngst veröffentlichten Werke: „Ecclesiae Armenae traditio de Romani Pontificis primatu jurisdictionis et inerrabili magisterio, per presbyterum **Armenum Stephanum** Azarian, alumnum ven. Coll. Urb. de prop. fide SS. D. N. honor. cubicularium. Romae (Marietti) 1870. Mense Majo." Auf S. 54 dieser Schrift liest man: „Es ist gut, hier die Bemerkung zu machen, daß das obenerwähnte Florentiner Decret über den Primat des Römischen Papstes auf demselben **Concil in** die armenische Sprache übersetzt und zugleich mit dem lateinischen Texte öffentlich verlesen und in das Vereinigungs-Protokoll, welches in jener Synode zu Stande kam, aufgenommen worden ist. In dieser armenischen Uebersetzung, deren Original sich in der bibliotheca Laurentiniana zu Florenz befindet, lauten die letzten Worte, über deren richtigen Sinn Einige streiten, genau so: „prout in ipsis etiam (armen. mincevs italice diceretur perfino) in gestis oecumenicorum Conciliorum **et in sacro** canone positum est." Was ebenso viel heißt, als wenn man sagte: **Die Rechte**, welche wir als dem Römischen Papste eigenthümlich zukommend erklären, sind nicht neu, sondern stehen auch in den Akten der allgemeinen Concilien, d. h. sie sind erklärt, überliefert, so daß die letzten Worte, weit entfernt, einen Rückhalt oder eine Beschränkung zu enthalten, offenbar einen Beweis für die Erweiterung und größere Bestätigung enthalten. **Da aber diese Uebersetzung in die armenische Sprache auf dem Concil selbst und zwar unter Beihülfe der armenischen Legaten angefertigt wurde, so folgt daraus, daß in** jener Uebersetzung der richtige **und** genaue Sinn wiedergegeben worden ist, den das Concil selbst mit jenen Worten verband. Sodann haben die Lateiner die Beifügung nicht zugelassen, sondern gefordert. Es ist erwiesen, daß die Worte: quemadmodum etiam, „**Wie** auch in den Akten der öcumenischen Concilien und der heil. Canonen enthalten **ist**", ächt und authentisch sind. Es ist ferner erwiesen, daß diese lateinischen Worte nicht eine Beschränkung, sondern eine Bekräftigung enthalten. Was also folgt daraus? Offenbar, daß auch die griechischen Worte, wenn sie zweideutig sein sollten, eine Bekräftigung und nicht eine Beschränkung enthalten. Denn was zweideutig ist, ist nach dem Sinne des unzweideutigen zu verstehen, das ist **ein allgemein** anerkannter Grundsatz. Allein abgesehen von allem dem: behaupten jene, die einen großen Theil des Concils ausmachten, daß die Lateiner durch diese Worte eine Bekräftigung und nicht eine Beschränkung ausdrücken wollten.[1]) Wie aber,

---

[1]) Der Cardinal **Joh.** von Turrecremata, der nicht wenig zur Beilegung des grie-

wenn es auch wahr wäre, daß die Griechen durch die fragliche Zweideutigkeit den Sinn der Lateiner umgehen wollten? Dadurch würde wahrlich dem Decrete des Concils sein Ansehen und seine Beweiskraft nicht genommen, denn dieses gilt in dem Sinne, in dem es bestätigt wurde; der Papst aber bestätigte es so, wie er es im Vereine mit den lateinischen Vätern den Griechen als Glaubensformel und Bedingung der Vereinigung vorlegen wollte, d. h. er bestätigte darin und damit eine Bekräftigung der Rechte, wie sie die lateinischen Worte ausdrücken, und nicht eine Beschränkung, wie sie nach der Meinung des Verfassers die Griechen verstanden haben sollen.

XV.
Von dem Gehorsam gegen den hl. Stuhl.

1. Nach der Ansicht des Verfassers ist es als „billig" zu betrachten, daß man auf die Decrete des Papstes ein „festes" Vertrauen setze. Die Behauptung der Unfehlbarkeit von Einigen ungern gesehen. Eitle Prophezeihung der Schrift: „Von der päpstlichen Unfehlbarkeit. — 2. Was für einen „gewöhnlichen" Beistand des heil. Geistes der Verfasser des „Manuscripts" der unfehlbaren Kirche zuschreibt, während er behauptet, zur Unfehlbarkeit des Papstes sei ein „Wunder" nöthig. — 3. Ob die Gehässigkeit größer oder geringer ausfalle, wenn man von der Unfehlbarkeit des Papstes schweigt. — 4. Aus welchen Ursachen der Verfasser der „Bemerkungen" meint, der Gehorsam könne vollkommen sein auch ohne Aufstellung der Unfehlbarkeit.

1. Der Verfasser der „Bemerkungen" gibt zu, daß man in Glaubenssachen dem Papste Gehorsam schulde; ja er geht nun sogar weiter, als vorher und es gewinnt fast den Anschein, als wolle er die Unfehlbarkeit des

chischen Schisma beitrug und selbst dem Concil von Florenz beiwohnte, sagt in seinem Apparatus super decreto unionis, den er Eugen IV. widmete, über die Worte „Quemadmodum etiam etc.": „Hiemit wird der vorhergehende Artikel bekräftigt, in dem auf die Belege aus den Akten der Concilien, sowie auf die Auctorität der heiligen Canonen hingewiesen wird. Vor Allem geht der Primat des Römischen Papstes über die ganze Kirche aus den Akten des allgemeinen und ökumenischen Concils von Nicäa hervor, wo die heil. Synode ihre Decrete dem römischen Bischof zur Bekräftigung und Bestätigung demüthig unterbreitet" 2c. 2c. Die Erklärung des Artikels selbst, der vom Primate handelt, begann Turrecremata mit den Worten: „Ueber diesen Artikel wurde die reiflichste und vorsichtigste Erörterung der Wahrheit gepflogen, wobei derjenige, von dem alles Gute kommt, es bewirkte, daß Griechen und Lateiner übereinstimmten, und so kam die besagte Definition unter Beistimmung des ganzen Concils zu Stande. Sie zerfällt in zwei Theile; im ersten Theile wird der Artikel selbst als Glaubenssatz festgestellt; im zweiten Theile wird er bekräftigt (inducitur confirmatio) aus dem Zeugniß der Akten der allgemeinen Concilien und aus dem Ansehen der hl. Canonen." —

Papstes, welche er bisher auf's Entschiedenste bekämpfte, gelten lassen. — Er schreibt: „Obgleich eine getreue Darstellung der geschichtlichen Vergangenheit (wir haben eben gesehen, wie getreu er die Geschichte des Lyoner Concils darstellt) die Lehre von der persönlichen Unfehlbarkeit des Papstes kaum begünstigt, so muß sie doch gewiß große Verehrung und kindliches Vertrauen gegen den heil. Stuhl einflößen. (Und Verehrung und Vertrauen, wie sie bisher stets der heil. Stuhl genossen, beruhen auf einer falschen Anschauung!) Wahrlich, wer da sieht, wie der Stuhl des heiligen Petrus nun schon länger als 18 Jahrhunderte die Sache Gottes, des Glaubens und der Menschheit versicht, der muß ausrufen: „Da ist der Finger Gottes!" und muß es billig und gerecht finden, daß die Gläubigen seine Entscheidungen in Sachen des Glaubens und der Sitten mit dem festen und ruhigen Vertrauen aufnehmen, daß sie mit der göttlich geoffenbarten Lehre übereinstimmen. Diese vertrauensvolle Ueberzeugung fällt nicht mit dem Glauben an die Unfehlbarkeit des Papstes zusammen, kommt ihr aber nahe." (Seite 81, 82.)

Aber, ich bitte doch, wenn es „gerecht" sein soll, daß die Gläubigen mit „fester" Zuversicht die päpstlichen Entscheidungen als Glaubensregel aufnehmen, was folgt dann, wenn der Papst dennoch irren kann? Alle Gläubigen werden es „gerecht" finden, ihren Glauben nach jenen Entscheidungen zu bilden, folglich die Gerechtigkeit zu verletzen glauben, wenn sie sich nicht darnach richten wollten. Falls somit der Papst in einem solchen Decrete auch nur einmal irrte, würde dann nicht die ganze Kirche dem Irrthume verfallen und zwar nothwendig, da sie ohne Verletzung der Gerechtigkeit ihren Gehorsam in Glaubenssachen nicht verweigern kann?

Eben das ist es, was der Verfasser der „Bemerkungen" in seiner ganzen Ausführung aus dem Auge verliert: daß kraft der göttlichen Verheißungen eine Verirrung der ganzen Kirche undenkbar, zugleich aber unvermeidlich ist, wenn der, welchem die ganze Kirche in Sachen des Glaubens Gehorsam schuldet, in Ausübung seines Lehramtes irrt. Dann mag er aber auch sehen, wie sich ohne die Voraussetzung der päpstlichen Unfehlbarkeit, noch der Satz aufrecht halten läßt, die Kirche sei nie und nimmer einem Irrthum verfallen, sondern die Säule und Grundveste der Wahrheit geblieben. Schreibt er ja doch, die Römische Kirche sei die einzige, welche von den apostolischen Kirchen heute noch übrig geblieben, worauf er dann fortfährt: „Es hat das viel dazu beigetragen, daß eine päpstliche Entscheidung in Glaubens- und Sittenlehre mit bereitwilligem und vollem Gehorsam aufgenommen und der Gedanke, es könne ein Irrthum darin untergelaufen sein, gänzlich ausgeschlossen wurde. Erließ der Papst ein Glaubensdecret, so hegte das christliche Volk die Zuversicht, es sei das die ächte und unverfälschte Lehre Christi" u. s. w. (S. 73.) Also das gesammte christliche Volk bildete sich so viele Jahrhunderte hindurch nach den Entscheidungen der Päpste seinen Glauben; somit ist eines von Beiden zuzugeben: entweder standen jene Entscheidungen mit dem wahren Glauben nicht in Widerspruch, und konnten auch nicht im Widerspruche mit ihm stehen, oder die gesammte Kirche ist dem Irrthum verfallen, konnte ihm wenigstens anheimfallen. Wahrlich, der Verfasser hat mit seinen Sätzen über den gewohnten Gehorsam des christlichen Volkes für die Unfehlbarkeit des Papstes einen Beweis mehr geliefert, welcher nicht zu verachten ist.

Ist die Aufstellung des Verfassers wahr, ist es „billig und gerecht, daß die Gläubigen die Entscheidungen und Decrete des heiligen Stuhles in Glaubens- und Sittenlehren mit dem ruhigen und festen Vertrauen aufnehmen, es seien dieselben der göttlichen Offenbarungslehre entsprechend;" ja, muß er sogar bekennen: „der Finger Gottes ist hier"; so bietet er zugleich einen starken Anhaltspunkt, um dem Verfasser der Broschüre „Von der Unfehlbarkeit des Papstes!" zu überzeugen, daß er eine sehr ungegründete Befürchtung hegt. Derselbe sagt nämlich: „Es ist leicht vorauszusehen, daß die Protestanten und Schismatiker, die heutzutage der Kirche noch ferne stehen, durch das neue Dogma ihr im Großen und Ganzen noch mehr entfremdet, ja durch die unausbleiblichen Wirren der darauf folgenden Fragen und Streitigkeiten in ihrem Irrthume noch mehr bestärkt werden." (30.) Wer bis jetzt der Kirche fremd blieb, tritt ihr nicht deshalb näher, um größere Freiheit zu gewinnen, sondern um die äußerlich greifbare Leitung zu finden, der er sich „in Glaubens- und Sittenlehren mit ruhigem und unverbrüchlichen Vertrauen" überlassen könne, von der er bekennen müsse: „da ist die Hand Gottes!" Ebenso schwer verständlich ist es, was der Verfasser von unausbleiblichen Wirren darauf folgender Fragen und Streitigkeiten sagt. Katholiken kennen keine Discussionen nach, sondern nur vor den Glaubensentscheidungen; wie auch im Apostel-Concil von Jerusalem „viele gemeinschaftliche Untersuchungen" vor der Rede des Petrus gepflogen wurden, darauf aber nur Stillschweigen folgte. (Apostelgesch. XV. 7. 12.)

Der Verfasser der „Bemerkungen" sieht trotz seines Wortes: „Der Finger Gottes ist hier" voraus, daß die Kirche durch die feierliche Definition der Unfehlbarkeit großen Haß und große Gefahren auf sich laden werde; „denn mit der von der Kirche Getrennten verschwören sich jene Katholiken, welche entweder im Glauben Schiffbruch gelitten haben, oder doch bei ihrer Gläubigkeit auch für liberal gelten möchten". (p. 79.)

Wer solche Leute gewinnen will, der hüte sich wohl, nicht bloß den Papst, sondern die Kirche selbst für unfehlbar zu erklären, der beseitige nicht bloß das Geheimniß der Dreieinigkeit und der Eucharistie, sondern auch alle anderen Mysterien, ja alles Uebernatürliche, somit die gesammte christliche Religion. Denn jene Menschen, deren Haß der Verfasser so sehr fürchtet, verwerfen einfach Alles, was übernatürlich heißt. Gesteht ja doch der Verfasser der Broschüre „Ueber die persönliche Unfehlbarkeit des Papstes" ganz offenherzig (S. 30), die Feinde der Kirche „fürchteten eigentlich nur die Unfehlbarkeit der Kirche". Unterbliebe also auch die Definition der päpstlichen Unfehlbarkeit, so bestände doch dasjenige noch fort, was Jene eigentlich allein fürchten und hassen; und da die Unfehlbarkeit der Kirche nicht aufgegeben werden kann, so werden die Katholiken immerhin noch den ganzen vollen Haß der Kirchenfeinde zu tragen haben. Daraus mag der Verfasser auch abnehmen, daß Spott und Hohn, wovor ihm bangt, immer fortdauern werden, da ja das immer fortdauern wird, was Jene „eigentlich allein" fürchten.

2. Man findet es geheimnißvoll und anstößig, daß der heil. Geist einen einzelnen Mann durch seinen Beistand vor Irrthum bewahren solle, wenn derselbe in Sachen des Glaubens und der Sitten einen amtlichen Ausspruch thut; aber ist dies anstößiger, als wenn gelehrt wird, der heil. Geist wisse den gesammten zum Concil versammelten Episcopat so zu leiten, daß trotz aller nationalen wie individuellen Verschiedenheit doch Alle in einem Beschlusse zusammentreffen? Das scheint die Meinung des Verfassers der als Manuscript gedruckten Broschüre zu sein: denn er liebt es „die Unfehlbarkeit des einzelnen Papstes für sich eine miraculöse, wunderbare" zu nennen. (S. 26) Eine „übernatürliche" hätte er sie nennen sollen; das wäre der rechte und unverfängliche Ausdruck gewesen und hätte keinen gehässigen Ton angeschlagen. „Miraculös" ist sie nicht, denn was nach stätigem Gesetze eintrifft, das kann übernatürlich sein, ist aber nicht miraculös. Das Wunder ist eine Ausnahme von den Gesetzen Gottes in der natürlichen oder übernatürlichen Ordnung. Der Verfasser wird doch hoffentlich kein Wunder darin sehen, daß der Papst, um **allein** einen Glaubenssatz zu definiren, des **göttlichen Beistandes** bedarf. Bedarf denn etwa der ganze Episcopat, wenn er in Vereinigung mit dem Römischen Papste Entscheidungen trifft, nicht auch des Beistandes Gottes, damit er nicht irre? Die Gewißheit, welche die Entscheidungen der Kirche gewähren, ist eine übernatürliche: das darf bei dieser Frage nie vergessen werden. Deshalb unterwerfen wir rückhaltslos unseren Verstand den conciliarischen Entscheidungen nicht

etwa, weil sie von Vielen, sondern weil sie unter dem Beistande des heiligen Geistes gefällt sind. Wer darin nur einen natürlichen Vorgang erblicken will, der hegt eine Auffassung, die den Charakter des katholischen Glaubens und des kirchlichen Lehramtes verkennt.

Der Verfasser der als Manuscript gedruckten Broschüre sucht „aus der Vernunft zu beweisen, daß nicht die Auctorität des römischen Papstes für sich, sondern die einstimmige Lehre aller Kirchen die Glaubensregel bilde" (S. 51.); aber da verwirrt er sich dergestalt, und drückt sich besonders über den Beistand des hl. Geistes so zweideutig aus, daß es wirklich schwer fällt, sich einigermaßen klar zu machen, was für einen Begriff er von dem Beistande des heil. Geistes und von dem Unterschiede habe, welcher zwischen diesem Beistande und dem gewöhnlichen Mitwirken Gottes bei den menschlichen Handlungen besteht. Er schreibt: „Wollte Gott seiner Kirche jenes ihm ausschließlich eigene Privileg, die unfehlbare Lehrgewalt nämlich verleihen, so mußte er gemäß seiner Weisheit auch die entsprechenden Kräfte in seiner Kirche niederlegen, aus denen ohne ein fortlaufendes und beständiges Wunder unter dem gewöhnlichen Beistande des heiligen Geistes das unfehlbare Lehramt auf naturgemäße Weise erwachsen könnte. Würde nun unter allen Bischöfen Einem der Primat der Ehre und Gewalt über die gesammte Kirche verliehen, und würde die oberste Lehrauctorität niedergelegt in der vollen Einhelligkeit dieses obersten Hauptes und des über die Erde zerstreuten Episcopates, so wäre das Problem auf eine Gottes würdige Weise gelöst, und es wären die entsprechenden und geeigneten Kräfte gefunden, die ohne beständiges Wunder unter dem gewöhnlichen Beistande des heil. Geistes jenes unfehlbare Lehramt auf naturgemäße Weise bilden konnten. Denn der so zahlreiche und in seinen Trägern so verschieden gestaltete Episcopat könnte unmöglich mit dem gesammten christlichen Alterthume, mit all' seinen Gliedern und besonders mit dem römischen Papste zur Einhelligkeit gelangen, wenn das, worin Alle übereinstimmten, nicht Wahrheit und apostolische Ueberlieferung wäre. Denn der Irrthum ist verschiedenartig, getheilt und wankelmüthig: nur die Wahrheit ist eine, immer dieselbe, unveränderlich, und darum kann nur in der Wahrheit, in der einen und einzigen Wahrheit jene Kirche einhellig sein, die sich immer und überall findet und vom heiligen Geiste geleitet wird (S. 51—52).

Ich frage: sieht der Verfasser in jener Uebereinstimmung Aller, zu der er endlich gelangte, den letzten und einzigen Grund, weshalb die Kirche unfehlbar sei oder als unfehlbar gelte? Wenn ja, so gibt er für die Unfehlbarkeit der Kirche oder deren Anerkennung, nur einen in sich natürlichen und menschlichen Grund an. Denn das einstimmige Urtheil Aller über eine Sache, mag dieselbe zu dem Bereiche der Geschichte oder zu den außersinnlichen Wahrheiten, wie die Unsterblichkeit der Seele zählen, wird von den Philosophen unter die Kriterien der Wahrheit gerechnet. — Der Verfasser kann einwenden, er rede von dieser Uebereinstimmung nicht im Sinne der Philosophen; denn diese schließen aus der Einhelligkeit des Urtheils, also: Entweder sind unzweideutige Zeichen vorhanden, durch welche die Wahrheit Allen einleuchtend geworden, oder es hat dieselbe kraft der ihr eigenen Evidenz, mag diese sein, welche sie will, die Uebereinstimmung erzwungen. Das einhellige Urtheil über eine katholische Wahrheit aber sei das Werk des göttlichen Einflußes auf den Episcopat. Dann aber gibt er sein Argument preis, und redet nicht mehr von einer „Ursache, die naturgemäß die Unfehlbarkeit des Lehramtes erzeuge"; er gibt dann das von ihm so genannte „beständige Wunder" zu, er gibt einen besonderen, außerordentlichen Einfluß Gottes zu. — Ich frage weiter, jener „gewöhnliche Beistand des heil. Geistes" was und wie ist er denn, wie ist er beschaffen? Ist es der allen Menschen gleichmäßig zu Theil werdende? Der reicht nicht aus; denn es liegt auf der Hand, daß durch ihn die Menschen nicht vor dem Irrthume bewahrt bleiben; und wenn gar Alle unter jenem gewöhnlichen Beistande des heil. Geistes zu einer irrthumslosen Einstimmigkeit gelangen, so ist diese Irrthumslosigkeit nicht jenem göttlichen Beistande, sondern natürlichen Ursachen zuzuschreiben. Ist es ein besonderer, von jenem allgemeinen Beistande verschiedener? Dann ist es ein „miraculöser", vor dem es dem Verfasser so zu bangen scheint. — Vielleicht wendet er ein: die hl. Väter hätten sich auf diese Uebereinstimmung, als auf ein Kriterium der katholischen Wahrheit berufen. Ich stelle das nicht in Abrede; aber die heiligen Väter wollten **dann nur** mit einem Vernunftbeweise die Häretiker schlagen, oder sie sahen **diese** Einhelligkeit für eine übernatürliche (der Verfasser würde sagen „miraculöse") Wirkung an, die Gott selbst zum Urheber habe. Im ersten Falle erblickten sie darin nicht die Unfehlbarkeit, wie sie Christus der Kirche verheißen hat. — Wenn ferner der Verfasser meint, diese Einstimmigkeit sei **an und für sich** schon das Kriterium, wie jeder anderen, so auch der katholischen Wahrheit, so ist nicht einzusehen, warum „vor Allem des römischen Papstes" Beistimmung erforderlich ist; denn es besitzt alsdann des Papstes Meinung oder Zeugniß nicht mehr Werth, als die Meinung und das Zeugniß eines jeden beliebigen Bischofes. Ja, es leuchtet überhaupt nicht **ein**, warum die Uebereinstimmung der Bischöfe gefordert werde; weshalb

könnte die Meinung und das Zeugniß der übrigen Priester, und selbst der
Laien nicht dasselbe bezwecken? —

Es ist, als ob der Verfasser fühle, daß er die natürliche Vernunft zu
hoch erhebe, und die Unfehlbarkeit der katholischen Kirche zu einer natür=
lichen Eigenthümlichkeit herabdrücke, darum schließt er also: Weil der Irr=
thum vielfältig ist, „darum kann nur in der Wahrheit, in der einen und
einzigen Wahrheit jene Kirche einstimmig sein, die sich immer und überall
findet und vom heiligen Geiste regiert wird. Ist dies letzte Wort
nicht eine petitio principii? Er wollte darthun, daß die Kirche unfehlbar
sei, für unfehlbar gelte, oder, was dasselbe ist, vom heiligen Geiste regiert
werde, mag sie sich als lehrende oder glaubende darstellen. Nun will er
wohl sagen, es könne die Kirche nur in der Wahrheit einig sein, weil sie
vom heil. Geiste regiert wird. Sollte ihm die Leitung des heiligen Geistes
als Hauptbeweis für die Unfehlbarkeit der Kirche dienen, was brauchte er
sie aus dem allgemeinen und natürlichen Kriterium, der Uebereinstimmung
Aller zu begründen? Und mit welchem Rechte wird sich die Unfehlbarkeit
dem Römischen Papste, für sich allein betrachtet, absprechen lassen, kann
ja doch der hl. Geist eben so gut den Römischen Papst, wie den gesammten
übrigen Episcopat leiten? Somit übersieht es der Verfasser bei seinem An=
griffe auf die „miraculöse" Unfehlbarkeit des Römischen Papstes, die Unfehl=
barkeit der Kirche selbst vor der Herabwürdigung zu einem natürlichen Vor=
gange zu wahren.

3. Erspartet sich aber die Kirche, falls sie die Unfehlbarkeit des Römi=
schen Papstes nicht feierlich aussspräche, die Gehäßigkeit, welche der Verfasser
der „Bemerkungen" für sie fürchtet? Wird sie im Gegentheile nicht etwa ge=
steigert? Die Katholiken erachten es für „gerecht", der Verfasser gibt das
zu, die päpstlichen Decrete mit „unverbrüchlichen Vertrauen aufzunehmen".
So viele Millionen Menschen fügen sich voll Vertrauen und mit dem Opfer
ihrer eigenen Einsicht den Glaubensentscheidungen des einen Greisen, für
dessen Unfehlbarkeit sie keine Garantie haben. Wahrlich, steht es fest, daß
der Papst in solchen Decreten unfehlbar ist, dann ist der Gehorsam so
vieler Menschen in einer so schweren Sache, dann ist das Opfer ihres Ver=
standes ganz vernünftig; — bleibt es aber dahingestellt, ob er unfehlbar
sei, dann weiß ich nicht, ob jener Gehorsam noch vernünftig zu rechtfertigen sei.
Wie? Männer, die durch Wissenschaft hervorragen, haben mit einem großen
Aufwande allseitiger Gelehrsamkeit zu beweisen sich bemüht, daß mehrere
Päpste geirrt, daß Vigilius wenigstens in einer dogmatischen Thatsache von
der Wahrheit abgewichen, daß Honorius über das Geheimniß der Mensch=

werdung selbst einen Irrthum **gelehrt**, daß niemals weder von den heiligen Vätern, **nie von** den Kirchenlehrern, nie von den Concilien die Unfehlbarkeit des Römischen Papstes sei anerkannt worden: wie? ist wenigstens in Zukunft der Gehorsam der Christenheit gegen die päpstlichen Decrete noch vernünftig zu nennen, wenn sie denselben das ruhige, unverbrüchliche Vertrauen entgegentragen, daß dieselben mit der göttlichen Offenbarungslehre übereinstimmen?" Vernünftig mag dieser Gehorsam gewesen sein, so lange die feste Ueberzeugung der Gläubigen nicht erschüttert war; von jetzt an aber werden die Katholiken, „welche sich mit den von dem kirchlichen Glauben Getrennten verschwören, und entweder am Glauben Schiffbruch gelitten haben oder noch gläubig sein, aber auch als liberal gelten möchten", sie werden diesen Gehorsam nicht mehr vernünftig finden, wenn nicht das Fundament, welches Männer, die aus allerlei Gründen berühmt geworden, in dem **Herzen** der Christenheit erschüttert haben, durch den feierlichen Ausspruch der Kirche von Neuem seine Festigkeit erhält.

4. Der Verfasser der „Bemerkungen" bemüht sich durch verschiedene Beweise darzuthun, daß die Unfehlbarkeit des Römischen Papstes nicht nöthig sei. Seine Vertheidiger „vergessen, wie groß die Macht der moralischen Gewißheit, und wie schwer die Last der Verpflichtungen sei, die sich daraus ergeben" (S. 80). Als ob die der Kirche verheißene Einheit des Glaubens nur auf moralischer Gewißheit ruhte, als ob eine bloß moralische Gewißheit Alle in einem Glauben vereinigen könnte, oder als ob endlich moralische Gewißheit hinreichte Glaubenswirren zu schlichten! „Wenn der Papst allein gesprochen hat, das sind die Worte des Verfassers, dann sagen die Katholiken vertrauensvoll: Er hat nicht geirrt; wenn er vereint mit allen Bischöfen eine Glaubensentscheidung erlassen, so sagen sie: Es ist ganz unmöglich, daß sie geirrt; dergleichen Unterscheidungen dürfen natürlich, wenn dem gläubigen Volke die schuldige Unterwürfigkeit unter den apostolischen Stuhl an's Herz gelegt wird, nicht vorgetragen werden; der einfache und fromme Gehorsam ist da zu predigen." (S. 82.)

Erscheint also ein päpstliches Decret für den katholischen Erdkreis, so darf kein Unterschied gemacht werden, sondern man hat der gesammten Welt die Unterwerfung des Geistes einzuschärfen. Wie aber, wenn diese Decrete einen Irrthum enthalten können, wie wenn sie einen Irrthum enthielten? Würde dann nicht auf dem ganzen Erdkreise und durch die ganze Kirche, die doch „eine Säule und Grundveste der Wahrheit ist", von der kirchlichen Lehrgewalt selbst der Irrthum verbreitet, würden die Pforten der Hölle dann nicht übermächtig? Ich gestehe: consequenter ist der Verfasser der als

Manuscript gedruckten Broschüre. In der Ueberzeugung, daß es zweifellos gewiß sei, es gehe dem Römischen **Papste das** Vorrecht der Unfehlbarkeit ab, stößt er auch die von dem Verfasser der „Bemerkungen" noch anerkannte Lehrauctorität des Papstes gänzlich um. Er schreibt: „Also hatte der Römische Papst nicht das Recht, kraft seiner eigenen Auctorität unabhängig von jeder Mitwirkung und Beistimmung der gesammten Kirche Glaubenssätze aufzustellen, und die Gläubigen waren nicht gehalten, auf das Wort des Papstes, wenn er allein ohne alle Zustimmung oder Mitwirkung der Kirche sprach, einen Glaubensact zu erwecken." (S. 2.) Freilich will ich damit nicht sagen, er habe die Gesetze der gesunden Logik ganz gewahrt, leugnet er ja doch zugleich mit **dem**, was weniger einleuchtend ist, d. h. mit der Unfehlbarkeit des Römischen Papstes, auch noch das, was einleuchtender ist, nämlich **die** Lehrauctorität des Römischen Papstes. Eine gesunde Logik fordert den umgekehrten Weg.

Gesetzt, es seien keine Unterscheidungen am Platze, „wenn man dem gläubigen Volke den Gehorsam gegen den apostolischen Stuhl einschärft". Wie aber, wenn dich Jemand fragen würde, wie denn der Gehorsam, den du forderst, beschaffen sein müßte, ob man dem Römischen Papste in Glaubensfragen den Act des Glaubens schulde, oder nicht? Was wird man zu antworten haben? Handelt es sich denn nicht um eine so allbekannte, schon oft und heut zu Tage so heftig agitirte Frage, deren Tragweite bis zu den Fundamenten des katholischen Glaubens hinabreicht?

Der Verfasser der Broschüre: „Ueber die Unfehlbarkeit **des Papstes**" wird antworten, es sei unrecht, die Entscheidungen des Papstes in Sachen des Glaubens und der Sitten nicht mit innerer Unterwerfung des Geistes und selbst mit einem Acte des Glaubens dann nicht aufzunehmen, wenn es sich um geoffenbarte Wahrheiten handle. (S. 4.) Der Verfasser der „Bemerkungen" wird antworten, es sei billig und gerecht, jenen Decreten „volles und unverbrüchliches" Vertrauen entgegenzutragen. (S. 82.) Der Verfasser der als Manuscript gedruckten Broschüre wird antworten, die Gläubigen seien zu einem Glaubensacte nicht verpflichtet. (S. 2.) Ein Anderer wird vielleicht erwidern, es sei nicht zeitgemäß auf diese Frage zu antworten. Wie aber, wenn man nichts destoweniger die unzeitgemäße Frage stellte? Fällt da unter den obwaltenden Umständen und bei der großen Meinungsverschiedenheit keine Gehäßigkeit auf die Kirche von Seite Jener, denen die Unfehlbarkeit des Römischen Papstes gehäßig sein soll?

Es schreibt der Verfasser der „Bemerkungen": „Einige meinen, man müsse der um sich greifenden Freiheitssucht durch Vergrößern der päpstlichen

Auctorität **abhelfen**. Aber seit dem 13. Jahrhunderte hat zu keiner Zeit der hl. Stuhl so bereitwilligen, so allgemeinen Gehorsam gefunden, als heutzutage, und ich weiß nicht, ob die Streitigkeiten, welche diese Vergrößerungssucht hervorgerufen, geeignet sind, die frommen Gefühle und Gesinnungen des Vertrauens und des Gehorsams [es sind das seine Worte] zu steigern". (S. 79.)

Vor Allem kann nicht die Rede sein von einer Vergrößerung und Erhöhung des päpstlichen Ansehens, sondern nur von deren Anerkennung. Denn die ganze Frage dreht sich um Rechte und Privilegien, welche ihm Gott verliehen hat, nicht erst die Menschen ihm genehmigen sollen.

Wäre es wahr, daß der Römische Papst überall einen so lobenswerthen Gehorsam findet, so hätten wir ja einen neuen Beweis für die fragliche Wahrheit. Woher denn dieser so allgemeine Gehorsam? Aber ich fürchte, daß **der** Verfasser diesen bereitwilligen und **allgemeinen Gehorsam gar zu hoch** anschlägt. Sehen wir denn nicht, wie Lehren, die der heil. Stuhl verworfen hat, nichts destoweniger festgehalten und öffentlich gelehrt werden? Sehen wir denn nicht, daß gewisse Leute den bem apostolischen Stuhle schuldigen Gehorsam dadurch zu erschüttern, oder möglichst abzuschwächen suchen, daß sie sogar die Verfassung der Kirche zu untergraben sich bemühen? Und Andere, scharren sie denn nicht aus den verflossenen Jahrhunderten Alles heraus, was je gegen den heiligen Stuhl geschrieben worden, um **mit** diesen Waffen das Ansehen desselben zu zerstören?

Die Sätze endlich, mit denen der Verfasser seine Abhandlung über den Gehorsam abschließt, können nur aus einem falschen Begriffe von **der** Kirche fließen. „Wer die Sache recht beurtheilt, wird nicht behaupten wollen, daß die Kirche nur dann gehörig regiert werden könne, wenn die Gläubigen an einen ausnahmslosen Gehorsam gebunden sind. Das Gelübde des Gehorsams nach dem Geiste der Regel genügt vollständig zur Leitung religiöser Genossenschaften, und doch gelobt der Ordensmann seinem Oberen keinen Gehorsam, der gar keine Ausnahme duldet." (S. 82.) Etwas Anderes ist der Gehorsam des Willens und etwas Anderes der Gehorsam des Verstandes: jener ist am Platze, wo es zu handeln, dieser wo es zu glauben gilt; wir haben das oben entwickelt. Wäre die Kirche eine Gesellschaft, in der nur äußere Handlungen geboten würden, so genügte an sich der bloße Gehorsam des Willens. Nun aber ist die Kirche eine Gesellschaft der Gläubigen, und da in dieser Gesellschaft ein Glaube gelten muß, so haben Alle Demjenigen **den** Gehorsam des Verstandes zu erweisen, der die Glaubensfragen durch seinen Ausspruch entscheidet. Göttliche Verheißungen aber verleihen dieser Gesellschaft Garantie, daß sie nie vom wahren Glauben abweichen, daß sie nie in ihrer Allgemeinheit einem Irrthume **verfallen werde**; daraus folgt nothwendig, daß derjenige, welcher diese Gesellschaft durch sein entscheidendes Wort zu lehren hat, niemals **irren könne**. — Der Verfasser scheint andeuten zu wollen, daß in einzelnen Fällen die Gläubigen dem Papste gegenüber, wenn er eine den Glauben betreffende Frage löst, nicht zum Gehorsam, also auch nicht zum Glauben verpflichtet seien; er läßt ja Ausnahmen zu. Nun, sie könnten gewiß dann nicht verpflichtet sein, **wenn** der Papst in einem Decrete irrt. Wie aber sollen denn die Gläubigen erkennen, daß **er** geirrt? Wer wird den Römischen Papst eines Besseren belehren? Man erinnere sich an das, was der heil. Antonin über die Berufungen (Appellationen) geschrieben. —

XVI.
Die Glaubensentscheidungen und die Zeitbedürfnisse.

1. Folgt aus der Evidenz eines Irrthums schon, daß man keinen Richter zur Entscheidung der Controversen brauche? — 2. Gegen welche Irrthümer und mit welchen Mitteln muß nach der Ansicht des Verfassers **gearbeitet** werden? — 3. Das Verfahren, welches nach demselben der Papst zur Austilgung der Irrthümer und bei einer feierlichen Definirung einhalten soll. — 4. Was der Verfasser der Broschüre über die Unfehlbarkeit des Römischen Papstes von der Art und Weise halte, wie man die Ueberlieferung befragen solle; was das Concil von Trient und der hl. Vincenz von Lerin. — 5. Welche Einbuße erleiden die ökumenischen Concilien, wenn die päpstliche Unfehlbarkeit definirt würde? — 6. Wie der Auctor der als Manuscript gedruckten Broschüre seine Glaubensregel aus der Vernunft zu beweisen sucht.

1. Der Verfasser der „Bemerkungen" will bestimmen, wie die Kirche bei Verurtheilung der modernen Irrthümer vorzugehen habe. Zu diesem Behufe stellt er als ersten Grundsatz auf, die Glaubenshinterlage sei schon so weit entfaltet, „daß sehr selten eine neue Abirrung von der apostolischen Ueberlieferung Platz greifen werde, ohne daß ihr Widerspruch mit der katholischen, schon längst allgemein anerkannten Wahrheit auf's Klarste sich nachweisen lasse." (S. 82.) Wenn dem so ist, so sieht Jedermann ein, und der Verfasser scheint es anzudeuten, daß **der** Anerkennung der päpstlichen Unfehlbarkeit nicht jene Tragweite beizumessen sei, welche ihre Vertheidiger ihr beilegen wollen. — Indessen möge der Verfasser nicht schlagende Beweise allein für **ein genügendes** Heilmittel gegen Irrthümer ansehen. Im apostolischen Glaubensbekenntnisse wird gar Manches klar ausgesprochen und Manches wird mit Evidenz aus demselben entwickelt, und doch bedurfte das

Alles der Erklärung durch einen feierlichen Spruch der Kirche. Was der Eine mit ganzer Sicherheit daraus folgert, das verwirft auf's bestimmteste ein Anderer. Auch glaube ich nicht, daß das Beispiel der Jansenisten die Ansicht des Verfassers begünstigt. Glauben denn nicht gerade jetzt Viele, es lasse sich die Unfehlbarkeit des Römischen Papstes mit Evidenz aus Schrift und Tradition entwickeln, während Andere es durchaus in Abrede stellen? Nicht ohne Grund hat Christus seiner Kirche ein äußerlich wahrnehmbares, lebendiges Glaubensgericht gegeben, wodurch die Zwiste gelöst werden sollen; blieben dieselben der Auffassung und Beurtheilung des Einzelnen überlassen, so wäre die von Christus gewollte Glaubenseinheit der Kirche unmöglich und die Glaubenshinterlage wäre nicht mehr sicher gestellt. — Nachdem der Verfasser die Ausflüchte der Jansenisten geschildert, fügt er bei: „Auch heute noch ließen sich Leute finden, die um Schwierigkeiten zu entgehen, ohne Sträuben die Verurtheilung ihrer Irrthümer unterschreiben würden, den Sinn der Worte aber, in die sie gefaßt wäre, würden sie zu entstellen suchen und so unter wenig veränderten Formen die gleiche Meinung festhalten." (S. 84.) Damit, sollte ich meinen, hat er die Bedeutsamkeit der päpstlichen Entscheidungen nicht entkräftet. Denn das Gleiche könnte von den Concilienbeschlüssen gesagt werden, diese aber wird doch wohl der Verfasser nicht für bedeutungslos halten. Weiß aber die Verschmitztheit sich selbst den Entscheidungen der sichtbaren und lebendigen Auctorität zu entwinden, was würde erst aus der heil. Schrift und der Tradition werden, wenn kein Gerichtshof die falschen Auslegungen derselben verurtheilte, sobald sie zu Tage träten?

2. Die Natur der modernen Irrthümer läßt dem Verfasser der „Bemerkungen" die Auctorität des Papstes und zwar des unfehlbaren Papstes minder nothwendig erscheinen. „Heute treibt der Irrthum abtrünnige Katholiken bis zur Leugnung der Fundamentalwahrheiten." (S. 85.) Dergleichen Verirrungen liegen am Tage. „Solch offenkundige Irrthümer mag der Bischof, sobald sie in die Oeffentlichkeit treten, verurtheilen und entwurzeln." (S. 86.) Aber griff denn der Irrthum des Arius nicht auch das Fundament des christlichen Glaubens an? Lag er nicht auch offen am Tage? Und doch, welche Verwüstungen richtete er an? Wie viele Christen, ja selbst Bischöfe wurden angesteckt? Es bedurfte, um ihn zu vernichten, nicht des Ausspruchs eines Bischofs, oder der Provincialconcilien, sondern der höchsten Auctorität in der Kirche. — Indessen gesteht der Verfasser zu, daß heute auch noch andere Irrthümer auftauchen und er hat vollkommen Recht, wenn er schreibt: „Die Verirrungen von Männern, welche die übernatürliche Offenbarung und

die göttliche Verfassung der Kirche noch gelten lassen, seien nicht zu übersehen." (S. 86.) **Gewiß,** denn die Kirche wäre nicht die treue Wächterin des ihr anvertrauten Schatzes, wenn sie nur jene beiden Kleinodien, nämlich die Offenbarung und die Verfassung der Kirche mit wachsamem Auge **hütete.** Weniger Beifall aber wird wohl der Verfasser finden, wenn er über jene „Verirrungen" weiter schreibt: „Stehen **dieselben** jedoch in gar keinem Zusammenhange mit den abenteuerlichen Lehren, welche Gott und Offenbarung befeinden, so werden sie in der Regel (an Ausnahmen mag es **freilich**) bei einem solchen Umfange des Gebietes nicht fehlen) der Christenheit minder gefährlich sein. Außerdem läßt sich meistens mit Leichtigkeit der **Beweis** liefern, daß sie klar der allgemein geltenden Lehre der Kirche widersprechen." (S. 86.) Damit kann Niemand einverstanden sein, wenn man bedenkt, wie sehr Christus **die** Einheit des Glaubens eingeschärft; wie **ernst der** Apostel selbst die Wortneuerungen verpönt, wie energisch die Kirche **auch** jeden Irrthum im Glauben verabscheut hat. Auch wird sich damit Niemand beruhigen, denn die Erfahrung zeigt, wie viele Irrthümer, die schon in früheren Zeiten verworfen waren, oder evident der kirchlichen Lehre widersprachen, auf's **Neue** im Trienter Concil und von den Päpsten verurtheilt werden mußten, weil sie auf's Neue sich zeigten.

3. Der Verfasser erklärt weiter, **wie** gegebenen Falles der Römische Papst einzugreifen habe. „Erheben sich aber wichtigere und schwierigere Fragen, oder drohen Aergernisse und Gefahren, gegen welche der Papst eine feierliche Erklärung für nöthig erachtet, ohne jedoch eine allgemeine Kirchenversammlung berufen zu wollen, — so beauftrage er die Bischöfe, über die zu entscheidende Frage schriftlich ihr Gutachten abzugeben; das läßt sich ja bei der Leichtigkeit des Verkehrs in kurzer Frist bewerkstelligen. So wird die uralte und beständig festgehaltene Lehre, daß das einhellige Zeugniß der Kirchen das ächte Kriterium der katholischen Wahrheit sei, unversehrt bewahrt und die oben berührten Bedenken und Gefahren sind beseitigt." (S. 86—87.)

Es ist nicht meine Sache, dem Papste Rath oder Wink zu ertheilen, wie er es anzugehen oder nicht anzugehen habe, um gegebenen Falles eine Glaubensfrage zu definiren; auch kann ich nicht vorhersagen, was er thun werde. Aber wundern sollte es mich nicht, wenn er es für gut fände, auch noch andere Wege einzuschlagen. Vielleicht wird er nur die Lehre und das Zeugniß **des** Alterthums befragen wollen; wissen wir ja, daß die Kirche heute noch glauben muß, was sie ehedem geglaubt. Vielleicht wird er den Glauben der Römischen Kirche allein, d. h. die Lehre seiner Vorgänger im Papstthume erforschen wollen; **wissen wir** ja doch, daß die Römische Kirche den wahren

9

Glauben nicht **verlieren könne, und daß** nach dem heiligen Irenäus nach dieser Kirche „sich **jede andere** Kirche zu richten hat". Würde er also handeln, so hätte **er** vielleicht das Beispiel früherer Päpste für sich, die, ohne **vorher** die Zustimmung der übrigen Bischöfe nachgesucht zu haben, die Glaubenssätze feststellten; so geschah **es ja** im zweiten Concil von Lyon, als es sich darum handelte, den Griechen ein Glaubensbekenntniß vorzulegen. **Schlägt der** Papst, dem Character der Zeiten oder Fragen Rechnung tra= **gend, diese** Wege ein, so ist ohne allen Zweifel „die uralte und beständig festgehaltene Lehre, daß dies einhellige Zeugniß der Kirchen das ächte Kri= **terium** der katholischen Wahrheit sei, unversehrt bewahrt". Denn der Sinn dieses Kriteriums ist nicht so zu fassen: „Nur das **ist** katholische Wahrheit, was gerade von Allen in dem betreffenden Zeitabschnitte fest gehalten wird", sondern: „Wenn etwas von Allen geglaubt wird, so steht es **fest**, daß es katholische Lehre sei". Und wirklich, es läßt sich **nicht** immer, so oft „wichtigere oder schwierigere Fragen auftauchen", oder ein neuer Zweifel, ein neuer Irrthum sich erhebt, voraussetzen, daß alle Bischöfe derselben Ansicht seien. Wäre es doch leicht denkbar, seitdem die Geschichte den Beweis dafür ge= liefert, daß selbst die Bischöfe, weil sie sich selbst unklar waren, das Urtheil des Papstes einholten, oder daß mehrere aus ihnen vom wahren Glauben abfielen.

Eines hat der Verfasser in Betreff der Einhelligkeit der Bischöfe nicht berührt. Was hätte der Papst zu thun, wenn es sich, nachdem die Gut= achten aller Bischöfe eingelaufen, herausstellte, daß sie durchaus nicht ein= stimmig seien? Daß der Fall bei irgend einer neuen Frage eintreffen kann, steht außer Zweifel. Hätte der heilige Stephanus bei Gelegenheit der Frage über die Taufe der Häretiker die afrikanischen Bischöfe um ihre Meinung befragt, **sie** hätten ihm gewiß geantwortet, die von Häretikern gespendete Taufe müsse wiederholt werden. Was hat dann also der Papst zu thun? **Soll er** gar keine Entscheidung treffen? Aber dann legen sich die Wirren **nicht**, und es wird die Wahrheit nicht klar. Soll er sich einer Partei an= schließen, mag auch die Gegenpartei nicht unbedeutend sein? Aber dann ist **ja** die Uebereinstimmung nicht einhellig oder der Einhelligkeit nah.

4. Diese Frage löst der Verfasser der Broschüre „Ueber die Unfehlbarkeit des Papstes". Wo er von der „Berathung der Ueberlieferungszeugen" han= delt, schreibt er: „Damit eine Glaubenswahrheit auf den Concilien mit dem heiligen Stuhle oder von ihm festgestellt werden könne, ist nicht gerade die Zustimmung aller Bischöfe erforderlich, sondern es genügt die des vorzüglicheren Theiles derselben, ja in einzelnen Fällen, wie die Geschichte zeigt, sogar die Stimme einiger Weniger." (S. 26.)

So ist es. Dadurch entsteht aber eine neue Frage. Wenn die Zustimmung des vorzüglicheren Theiles, ja sogar einiger Weniger genügt, damit eine Wahrheit vom heiligen Stuhle festgestellt werde; was ist dann von der so berühmt gewordenen Meinung Einiger zu halten, wonach zur Lösung von Glaubensfragen das einhellige oder beinahe einhellige Urtheil der ganzen Kirche erforderlich sein soll? Wenn ferner nach dem Ausweise der Geschichte bisweilen der heilige Stuhl nur von der Stimme einiger Bischöfe unterstützt eine Glaubenswahrheit feststellte, somit ein unwiderrufliches Urtheil fällte; mit welchem Rechte läßt sich noch behaupten, es bedürfe der Zustimmung der gesammten Kirche, damit die Entscheidung des Römischen Papstes unwiderruflich sei? Es wird doch gewiß Niemand sagen, jene Wenigen, die zugestimmt, bildeten die ganze Kirche. So sieht man sich also gezwungen, die Unfehlbarkeit des Römischen Papstes sogleich wieder aufzunehmen, nachdem man sie verworfen hatte, damit sich geschichtliche Thatsachen erklären lassen.

Was aber der Verfasser unter dem „vorzüglicheren" Theile des Episcopates versteht, lassen seine folgenden Worte errathen: „Bei der Abstimmung selbst haben, wie es auch in Betreff der heiligen Väter gegolten, nicht Alle das gleiche Ansehen: gewichtiger ist das Zeugniß der älteren und auch der größeren Diözesen, denn aus der Anzahl der Gläubigen läßt sich finden, was überall und von Allen geglaubt werde; gewichtiger ist auch das Zeugniß der gelehrteren und heiligeren Bischöfe, so gilt es ja auch allgemein von den heiligen Vätern und Kirchenlehrern: von größerer Bedeutung wäre auch der Umstand, wenn (?) in einem Theile der Kirche eine Lehre schon emsig und lange erwogen und untersucht worden ist." (S. 26.)

Die Bischöfe sind, wie wir schon an einer anderen Stelle bemerkten, bei Behandlung der auf den Glauben bezüglichen Fragen nicht bloß Zeugen, sondern auch wahre Richter. Insofern sie nun Richter sind, besitzen sie alle das gleiche Ansehen, denn sie lehren und verpflichten die Gläubigen zum Glauben kraft der ihnen von Christus verliehenen Vollmacht. Dasselbe gilt von ihrem Zeugnisse, das sie als von Gott vorherbestimmte Zeugen ablegen. Kurz, in Anbetracht des, um mich so auszudrücken, übernatürlichen Elementes, besitzen alle dem Römischen Papste untergeordneten Bischöfe bei Entscheidung von Glaubensfragen das gleiche Ansehen. Menschliche Hülfsmittel aber, deren Anwendung die Kenntniß des Glaubensinhaltes und seines Sinnes erschließen muß, stehen dem Einen mehr, dem Anderen weniger zu Gebote. Der Verfasser meint, bedeutsamer seien die „größeren" Diözesen, weil aus der Anzahl der Gläubigen erſehen werde, **was** überall und von Allen geglaubt **werde.**" **Dieſer Satz verräth** die Unhaltbarkeit ſeiner Meinung. Freilich kann man, um die Lehre der Kirche zu erkennen, auch den Glauben des Volkes berückſichtigen, aber nur, um aus dem Glauben der Heerde die Lehre des von Gott aufgeſtellten Hirten zu finden. Der Glaube oder die Auffaſſung der Gläubigen iſt aber durchaus nicht der erſte Weg, um die Wahrheit zu erforſchen. Die Kirchen=verſammlung von Trient[1]) nennt „als ihre vorzüglichſten Zeugniſſe und Hülfsmittel, die ſie zur Feſtſtellung der Dogmen und Verbeſſerung der Sitten verwerthen wolle", die heilige Schrift und „die Ueberlieferungen, die ſich in ununterbrochener Folge in der katholiſchen Kirche erhalten haben". Um dieſe Ueberlieferungen zu erforſchen, verweiſt ſie aber die Biſchöfe nicht in ihre bezüglichen Diözeſen. Wo vor Allem die Ueberlieferungen zu finden ſeien, deutet ſie genugſam an, wenn ſie verbietet, „die heilige Schrift ſelbſt im Widerſpruche mit der einhelligen Uebereinſtimmung **der Väter** auszu=legen." Wirklich, hätte die Ausdehnung der Diözeſe ſolches Gewicht, ſo wäre die Stimme eines heiligen Gregors des Wunderthäters ſehr unbedeu=tend geweſen; als er ſein Amt antrat, fand er ſiebenzehn Gläubige.

Welches der beſte Weg ſei, um die Ueberlieferung der katholiſchen Kirche zu finden, zeigt uns an einem treffenden Beiſpiele Vincenz von Lerin[2]), jener wackere Vertheidiger der Erblehre. „In dem Concil von Epheſus, ſo ſagt er, wurde von allen Biſchöfen, die, 200 an der Zahl, dort zuſammen=gekommen waren, als ächt katholiſcher, als zuverläſſigſter und beſter Grund=ſatz angenommen, man ſolle die Meinungen der **heiligen Väter** vorlegen, von denen es feſtſtehe, daß ſie Märtyrer, oder Bekenner, wenigſtens **katho=liſche Prieſter** geweſen und bis zum Ende geblieben ſeien, damit **nach ihrem übereinſtimmenden Urtheile** der alte heilige Glaube ſeine gehörige und feierliche Beſtätigung fände". Dann zählt er zehn Väter auf, deren Zeugniſſe beigebracht worden waren, und ſchließt dann: „Dieſe wurden alle zu Epheſus als Lehrer, Rathgeber, Zeugen, Richter vorgeführt .... Man hätte freilich eine noch viel größere Anzahl der Vorfahren beiziehen können, aber es war das nicht nöthig, denn Niemand zweifelte daran, daß jene Zehn in Wahrheit nichts Anderes geglaubt hätten, als alle ihre übrigen Collegen." So Vincentius! Alſo nicht auf ihre Heerde in den Diö=zeſen, **ſondern auf die Vorfahren und zwar auf die Hirten** beriefen ſich die Väter des Epheſiniſchen Concils; man befragte das Zeugniß der leh=renden, nicht der hörenden Kirche. Alſo auf die Lehre der Hirten,

---

[1]) Sess. 4. [2]) Commonit. cap. XXX. Bibl. Patr. tom. X. pag. 15.

nicht aber auf die Menge oder die **Bildung** der dem Einen oder dem Andern anvertrauten Gläubigen legte man Gewicht.

Wäre es übrigens, wie der Verfasser sagt, das Zeugniß der ältesten und ausgedehntesten Diözesen gewichtiger, folgte dann nicht wiederum, daß die Stimme des Einen römischen Stuhles alle anderen Stimmen zusammen überwiege, denn er ist ja allein von den Aposteln gegründet und er hat alle Gläubigen zusammen zu regieren. Und wenn jener Theil der Kirche, in welchem irgend ein streitiger Glaubenspunkt reiflicher und länger discutirt worden ist, von größerer Bedeutung ist, als die übrigen Kirchen, hat dann nicht wiederum die Römische Kirche eine größere Bedeutung als alle übrigen, da alle Streitigkeiten in Glaubenssachen, als wichtigere Gegenstände vor den Römischen Papst gebracht, und in der Römischen Kirche untersucht zu werden pflegen?

5. Nachdem der Verfasser der „Bemerkungen" das vom Papste einzuhaltende Verfahren dargelegt hat, fährt er fort: „Es wird auch der Nachfolger des hl. Petrus an Macht und Rechten so nichts einbüßen; es liegt vielmehr in seinem eigenen Interesse, daß das Ansehen, welches die allgemeinen Concilien von Anfang an bei allen Katholiken immer besessen haben, ohne Erschütterung fortdauere." (S. 87.)

Er gesteht also zu, daß die Kirche nicht blos in allgemeinen Concilien in Glaubensfragen ein unfehlbares Urtheil fällen könne; er wird ja doch nicht sagen wollen, wenn der Papst die Meinungen der überall in ihren Diözesen zerstreuten Bischöfe einhole, sei das ein allgemeines Concil. Er gesteht gleichfalls die Schwäche des Argumentes zu, womit er das Glaubensbekenntniß des zweiten Concils von Lyon zu erschüttern suchte, indem er sagte: „Die lateinischen Bischöfe waren in Lyon zwar zugegen, als das Glaubensbekenntniß des Kaisers verlesen wurde: jedoch haben sie über dessen Inhalt weder eine Berathung gepflogen, noch ein Decret abgefaßt" (S. 78). Denn, wenn jeder Bischof seine Meinung vorträgt, ohne die Gründe Anderer zu prüfen, ja auch nur zu hören, so wird das Niemand eine Berathung nennen. Noch viel weniger bilden die von den Einzelnen dargelegten Ansichten, welche zweifelsohne sehr auseinandergehen werden, ein Decret.

Er fährt fort: „Durch die Entscheidung, der Papst habe auch allein und ohne die Nachfolger der Apostel in Sachen des Glaubens und der Moral ein unfehlbares Urtheil, werden die allgemeinen Concilien jenes Ansehens beraubt, wegen dessen der hl. Gregor d. Gr. **erklärte,** er verehre sie gleich den vier Evangelien; denn so wären sie in Bezug auf Entscheidungen in Sachen des

Zeiten der Väter von Nicäa, gewesen" (S. 87). Wie dieses daraus folge, dürfte außer dem Verfasser wohl Jedermann nur schwer einsehen. Achtet man auf den Grund, den er für seine Meinung anführt, so würde man glauben, der hl. Gregor habe erklärt, er verehre die allgemeinen Concilien deshalb gleich den vier Evangelien, weil sie nothwendig oder wenigstens nützlich seien. Und doch verehrt er sie eigentlich nur, weil der Beistand des hl. Geistes mit ihnen ist. Wie? Kann der hl. Geist, weil er auch dem Papste allein beisteht, nicht demselben Papst beistehen, wenn er mit andern den Glauben lehrt und entscheidet? Oder konnte er deshalb, weil er dem hl. Petrus beistand, damit er nicht irrte, nicht auch den übrigen Aposteln beistehen? Es erfreuten sich doch nach dem Verfasser selbst (S. 9), die einzelnen Apostel des Beistandes des hl. Geistes. Es wird auch den Concilien nicht nothwendig ihr Nutzen, ja selbst nicht eine gewisse Nothwendigkeit abgesprochen, wenn dem Papste Unfehlbarkeit zukommt; das haben wir anderswo aus dem Verfasser selbst, wo er vom ersten Apostelconcil handelt, dargethan.

Weiter sagt er: „Nimmt man diese Lehre (von der Unfehlbarkeit des Papstes) an, so wird der innersten Ueberzeugung der alten Kirche der Krieg erklärt". (S. 78.) Wie es mit „dieser innersten Ueberzeugung der alten Kirche" stehe, haben wir gesehen; der Verfasser hat es uns selbst gesagt, da er so oft von der Unterwerfung sprach, die man dem hl. Stuhl schulde. (Vgl. ob. XIV., 1.)

6. Auch der Verfasser der als Manuscript gedruckten Broschüre behandelt dieselbe Frage. Nachdem er „aus der Vernunft selbst zu beweisen" versucht hatte, „die Glaubensregel sei in der einhelligen Uebereinstimmung aller Kirchen gegeben" S. 51), sucht er gleichfalls aus der Vernunft darzuthun, sie liege nicht „in der Autorität des Papstes allein".

Er geht hiebei vom Begriffe der „Unfehlbarkeit" aus. Zur Vermeidung jeder Zweideutigkeit wäre es am Platze gewesen, mit größerer Klarheit auseinanderzusetzen, was diese Unfehlbarkeit eigentlich sei. Denn man darf sie nicht etwa verwechseln mit einer Eigenthümlichkeit oder einem Habitus, welcher dem Menschen beständig anhaftet. In ihrer Ursache betrachtet, ist die Unfehlbarkeit nichts anderes als der Beistand des hl. Geistes; in ihrer Wirkung aber ist sie die Ausschließung jeden Irrthums von dem, welchem der hl. Geist in dessen Lehramte oder in dessen Lehrentscheidungen beisteht. Redet man somit auch von dem Träger (subjecto) der Unfehlbarkeit, so ist das Jener, welchem in seinem Lehramte oder in seinen Lehrentscheidungen der hl. Geist einen solchen Beistand gewährt, daß er denselben nicht in einen

Lehrentscheidungen". Denn es handelt sich hier um die Unfehlbarkeit der **lehrenden** Kirche, nicht um die Unfehlbarkeit der **glaubenden** oder **hörenden** Kirche, oder mit andern Worten, es handelt sich um die Unfehlbarkeit der Lehrgewalt, welcher der Christ, um in wahren Glauben zu verharren, sich unterwerfen muß; nicht aber handelt es sich direkt und zunächst um die Erhaltung der Gläubigen im wahren Glauben.

Je nach der verschiedenen Stellung, welche die Glieder der Kirche einnehmen, legt die heil. Schrift der Kirche auch in einem verschiedenen Sinne die Erhaltung in der wahren christlichen Lehre bei. Es gibt Stellen, an denen der Kirche, so zu sagen, im Allgemeinen oder ohne Unterscheidung diese Erhaltung zugetheilt wird, z. B. jene, welche sie als die „Säule und Grundveste der Wahrheit" bezeichnet. Was hier ganz unbestimmt, ohne Lehrende und Hörende zu unterscheiden, ausgesprochen wird, das wird an andern Stellen den Lehrenden verheißen; wir erinnern an Christi Wort „Sehet, ich bin bei euch u. s. w. Diese Stelle also bezieht sich deutlich und zunächst auf die kirchliche Lehrgewalt, der ein solcher Beistand des hl. Geistes verheißen ist, daß sie bei Erfüllung ihres Lehramtes von der Wahrheit nicht abweiche; den übrigen Gläubigen aber, oder der **hörenden** Kirche wird die Erhaltung im wahren Glauben nur indirect und in zweiter Linie verheißen, nämlich insofern diese Gläubigen ihren Glauben mit der Lehre des unfehlbaren Lehramtes in Uebereinstimmung erhalten. Kurz, dem Lehramte oder der Lehrgewalt wird, ich möchte sagen, die active Unfehlbarkeit verheißen; aus ihr fließt dann die passive Unfehlbarkeit der hörenden Kirche, jene, welche durch die unfehlbare Lehrgewalt bewirkt wird. Endlich gibt es in der hl. Schrift noch andere Stellen. Was der Lehrgewalt **verheißen** wurde ohne Unterschied zwischen Haupt und Gliedern, zwischen Petrus und den übrigen Aposteln, das wird dem Petrus allein, im Unterschiede von den übrigen, zugesagt; z. B. wo Christus für ihn betete, daß sein Glaube nicht wanke, und wo er, unterschieden von den Uebrigen, als das Fundament der Kirche gesetzt wird, das die Pforten der Hölle nicht überwältigen werden. An allen diesen Stellen wird die Irrthumslosigkeit oder die Erhaltung im wahren Glauben verbürgt, aber in verschiedener Weise nach der verschiedenen Stellung und Unterordnung der Glieder der Kirche.

Unser Verfasser argumentirt also: „Entweder nimmt man an, 1) es gebe in der Kirche nur Eine Unfehlbarkeit, deren Träger der Papst allein sei, so daß dieser Vorzug (der Unfehlbarkeit) an und für sich oder zunächst nur dem Papste zukömmt, und die ganze Kirche insofern unfehlbar ist, als

entgegenbringt, jenes Charisma auch auf sie überfließt; oder 2) man nimmt zwei verschiedene Unfehlbarkeiten an, wovon die eine der gesammten Kirche mit Einschluß des Papstes zukommt, die andere aber ausschließlich dem Papste allein, welcher auch allein und vor jeder vorausgehenden oder begleitenden oder nachfolgenden Zustimmung der Gesammtkirche kraft seiner höchsten Autorität unfehlbar ist; oder 3) man nimmt Eine Unfehlbarkeit an, ich will sagen, eine unfehlbare Stimme der Gesammtkirche, welche sich entweder durch die ecclesia dispersa vernehmen läßt, indem diese dieselbe Lehre, wie die Römische Kirche verkündet; oder in allgemeinen Concilien, oder auch sich durch den Papst kundgibt, mit dem alle Kirchen übereinstimmen (?!?), und der den Glauben aller Kirchen in sich zusammenfaßt und verkündet. Nun aber kann man das Erste nicht behaupten und auch die zweite Hypothese kann nicht vertheidigt werden.

Es ist klar, wenn unser Verfasser frägt, wie viele Unfehlbarkeiten es gebe, so ist der Sinn der Frage eigentlich dieser: wer ist der **Träger** der Unfehlbarkeit im Lehren? und so hätte die Frage viel einfacher und deutlicher in der herkömmlichen Weise also gestellt werden können: wer übt die unfehlbare Lehrgewalt aus? oder wem leistet der heilige Geist einen solchen Beistand, daß, wenn er lehrt, kein Irrthum sich einmischen könne?

Wir wollen nun manche Zweideutigkeiten, die in dem angeführten Passus vorkommen, übergehen, auch die Frage bei Seite lassen, ob die Stelle des heiligen Irenäus, auf welche, so scheint es, angespielt wird, nach der Auffassung des Verfassers nicht einmal den Primat beweisen soll; wir müssen sehen, **wie er die** zwei ersten Annahmen widerlegt.

Gegen die erste Annahme stellt er im Ganzen elf Gründe auf; ich will die vier ersten der Ordnung nach anführen.

A. „Die Unfehlbarkeit ist eine wesentliche Eigenschaft der katholischen Kirche, **die** da eine Säule und Grundveste der Wahrheit ist; aber die katholische Kirche besteht nicht aus dem Papste allein, sondern sie ist die wohlgeordnete Versammlung aller Gläubigen, aller Hirten mit dem Papste; also ist die Unfehlbarkeit nicht das Privileg des Papstes allein, sondern bezieht sich eigentlich auf die Gesammtkirche."

Ich antworte: es ist merkwürdig, wenn der Verfasser beim Anblick seiner Deduction nicht erschrack. Um was handelt es sich? Um den Träger **des** unfehlbaren Lehramtes. Nach der Argumentation des Verfassers wäre dieser Träger die **„wohlgeordnete** Versammlung aller Gläubigen," aus **der** ja die Kirche besteht. In dieser Versammlung haben wir aber theils Kleriker, theils Laien, somit würden nach seiner Beweisführung auch die Laien das Lehramt ausüben. Warum ruft man sie denn nicht zum Concil? Sind vielleicht die Bischöfe als ihre Deputirten und in ihrem Namen da? — Nimmt man die Unfehlbarkeit im Allgemeinen als die Erhaltung in der Wahrheit, so kommt sie allerdings der Kirche selbst zu, aber ihren verschiedenen Gliedern auf verschiedene Weise. Das höchste Lehramt lehrt immer die Wahrheit, die Gläubigen glauben immer die Wahrheit. Aehnlich kommt auch das Leben dem ganzen Menschen zu, der wesentlich aus Leib und Seele besteht; aber der Seele kommt das Leben zu als der Quelle, welche das Leben mittheilt, dem Leibe aber kommt es zu mitgetheilt. „Sind denn alle Lehrer?" —

B. „Die Unfehlbarkeit ist eine wesentliche Eigenschaft des kirchlichen Lehramtes . . . .; aber das kirchliche Lehramt ist nach göttlichem Rechte bei den Bischöfen und bei dem Papste. Also hat die Unfehlbarkeit zu ihrem eigentlichen und unmittelbaren Träger den Chor der Bischöfe mit Einschluß des Papstes."

Ich antworte: Was würde der Verfasser wohl zu folgendem Argumente sagen? Die (Unangreifbarkeit) Unbestreitbarkeit ist ein wesentlicher Charakter der richterlichen Gewalt; aber die richterliche Gewalt ist bei allen Tribunalen des Königreiches; also kommt die Unbestreitbarkeit allen, auch den tiefer stehenden, Tribunalen unmittelbar zu? Aus seinem Argument folgt nur, daß die Unfehlbarkeit den Bischöfen irgendwie zukomme, da sie irgendwie mit dem Papste den kirchlichen Lehrkörper bilden; es folgt aber nicht nothwendig daraus, sie habe den Chor der Bischöfe zu ihrem „unmittelbaren" Träger. Dieses Wort hat der Verfasser in seinen Schlußsatz hineingebracht, obgleich es in den Prämissen gar nicht vorkommt. Wenn die Versammlung der Bischöfe mit dem Papste das Lehramt ausübt, so übt sie es in unfehlbarer Weise aus; das ist keine Frage; da aber in dieser Gesammtheit eine Unterordnung waltet, indem die Bischöfe als die Hauptglieder dem Papste als dem Haupte unterworfen sind, so folgt aus obiger Beweisführung nicht, daß die Bischöfe unmittelbar die Unfehlbarkeit haben, sie können sie haben vom Papste, dem sie untergeordnet sind.

C. Wenn man einige mystische Vergleiche mit der Trinität bei Seite läßt, so kömmt das dritte Argument auf Folgendes hinaus. „Die Unfehlbarkeit, als der letzte und edelste Act (?), kömmt der kirchlichen Lehrgewalt nur in ihrer letzten Vollendung zu, in welcher sie das Ansehen des Papstes und aller Bischöfe in sich begreift. Also findet sich die Unfehlbarkeit nur da, wo alle Bischöfe mit dem Papste versammelt mit ihm ihre Stimme

Ich antworte: Man sieht aus der Schlußfolgerung, welche für die Unfehlbarkeit die Versammlung und die Stimme aller Bischöfe fordert, zur Genüge, daß dieses Argument zu viel und somit gar nichts beweist; der Verfasser selbst theilt ja die Ansicht nicht, nur in ihrem feierlichsten Akte, in der Entscheidung durch ein allgemeines Concil, sei die Lehrgewalt unfehlbar. Ueberdies steht das ja eben in Frage, ob die Lehrgewalt nur dann unfehlbar sei, wenn sie in ihrer Gesammtheit d. h. Papst und alle Bischöfe zusammen, etwas entscheidet. Das durfte man also nicht als schon bewiesen voraussetzen.

D. „Die Unfehlbarkeit ist bei Denjenigen, welchen die Verheißungen dieses Privilegs gegeben wurden. Aber diese Verheißungen wurden den Aposteln, den Bischöfen, der Gesammtkirche gegeben: „Ich bin bei euch" u. s. w.

Ich antworte: Wenn „die Gesammtkirche" unfehlbar ist, üben dann also auch die einfachen Gläubigen ein unfehlbares Lehramt aus? Die Sache verhält sich einfach so: die Verheißungen wurden den Gläubigen gegeben, in ihrer Unterordnung unter ihre Hirten und den Hirten in ihrer Unterordnung unter den Papst. Was kann einfacher sein?

Es folgen nun zum Beweise derselben These noch mehrere Argumente; aber sie einzeln durchzugehen, lohnt sich der Mühe nicht; denn sie stehen den vorigen an Beweiskraft nach.

Eben so gut oder schlecht sind jene Argumente, womit der Verfasser dann weiter zu zeigen sucht, es gebe nicht „zwei verschiedene Unfehlbarkeiten," oder um uns deutlicher auszudrücken, Gott habe seiner Kirche nicht eine solche Einrichtung geben können, daß derselbe heilige Geist bald dem Papste beistehe, wenn er allein Glaubensfragen entscheidet, bald dem Papste und den Bischöfen, wenn sie miteinander Entscheidungen erlassen. Sobald wir den Ausdruck „doppelte Unfehlbarkeit" ausscheiden und die Sache mit deutlichern Worten ausdrücken, so ist sofort klar, daß der Verfasser seinen Satz niemals aus der Vernunft beweisen wird.

Aber er argumentirt also: „Schrift, Ueberlieferung, Concilien reden nur von Einer, untheilbaren lehrenden Kirche, die irrthumsfrei ist, von Einer Unfehlbarkeit: Ein Herr, Eine Taufe. Da aber die Unfehlbarkeit der Entscheidung und Gewalt der Gesammtkirche in Verbindung mit ihrem Haupte zukommt, so fällt jene zweite persönliche und von der ganzen Kirche unabhängige Unfehlbarkeit des Papstes allein, als grundlos in sich selbst zusammen." (S. 55.)

XVI. Die Glaubensentscheidungen und die Zeitbedürfnisse.

Ich antworte: Nur Schade, daß die Stellen nicht angeführt sind, an denen Schrift, Ueberlieferung, Concilien von Einer untheilbaren lehrenden Kirche reden, von Einer Lehrgewalt und besonders von Einer Unfehlbarkeit. Gar schön ist aber die Wendung unseres Autors: „Da aber die Eine Unfehlbarkeit der Entscheidung und Gewalt der Gesammtkirche in Verbindung mit ihrem Haupte, dem Papst, zukommt;" — man sehe doch, dieses dritte Glied seiner Aufstellung, welches er durch Widerlegung der zwei ersten folgern wollte, nimmt er jetzt bereits als bewiesen an und folgert dann, das zweite Glied, um dessen Widerlegung es sich nun gehandelt hätte, sei gar nicht zulässig.

Sollte es dem Verfasser jedoch besonders zusagen, die Unfehlbarkeiten zu zählen, so möchten wir ihn fragen: wie viel „Unfehlbarkeiten" gab es in den ersten Zeiten der Kirche? Gab es wohl dreizehn, weil dreizehn Apostel waren, von denen jeder für sich allein unfehlbar war? — Nein, das ist noch nicht genug; denn als sie zum ersten Concil zusammenkamen, so gestaltete sich eine neue „Unfehlbarkeit," an der auch die übrigen Bischöfe Theil nahmen, die nicht Apostel waren. Ist ferner nicht auch dem heiligen Lukas und dem heiligen Markus, als Evangelisten, wenigstens für eine Zeit lang, jedem die Unfehlbarkeit zuzuschreiben? — Wenn also in der ersten Zeit unserer Kirche vierzehn oder sechszehn „Unfehlbarkeiten" keinen Widerspruch enthielten, warum sollten ihn nun zwei enthalten, wofern es wirklich zwei gäbe? —

Sein zweites Argument lautet also: „Gott wendet da nicht viele Mittel an, wo nur wenige genügen („non efficit per plura, quod potest efficere per pauciora"); nun aber genügt das Eine unfehlbare Lehramt der Gesammtkirche, um die Hinterlage des Glaubens zu erhalten, zu verkünden und zu definiren, um so die Heerde des Herrn zu regieren und zu weiden. Also hat man keinen hinreichenden Grund, jene zweite, von der Gesammtkirche unabhängige, persönliche Unfehlbarkeit des Papstes zu behaupten." (S. 55, 56.)

Fast hat es den Anschein, als wollte der Verfasser das erste Glied seiner dreifachen Aufstellung, nachdem er es verworfen, nun wieder zu Ehren bringen. „Gott wendet nicht viele Mittel an, wo wenige genügen!" — Wie? wenn man nun den Untersatz aufstellte: nun aber genügt Gott ein Einziger, der mit oberster und unfehlbarer Auctorität die Lehre verkündet, um die Kirche im wahren Glauben zu erhalten, wie er auch in der That durch einen Einzigen, der allein mit oberster und unangreifbarer Auctorität befiehlt, die Kirche regiert; folglich erhält er sie durch die unfehlbare Lehrthätigkeit dieses Einzigen; folglich ist der Papst allein unfehlbar. — Oder warum sollte das aus dem aufgestellten Princip nicht folgen?

Das dürfte Jedermann einleuchten, wo es sich um die Werke der göttlichen Weisheit und Güte handelt, da ist es schwer, den Beweis aus der Vernunft zu führen, Gott habe so oder anders handeln müssen. Wie man für das Eine Congruenzbeweise bringt, so kann man solche Beweise zugleich auch für das Andere bringen. Uebrigens wäre es eine leichte Mühe durch Gründe der Congruenz die Ansicht zu stützen, daß Gott, wie er Einen aufgestellt hat, der mit oberster Auctorität die ganze Kirche regiere oder den **Willen aller** Gläubigen leite, so auch Einen und zwar denselben aufgestellt habe, daß er mit derselben obersten Auctorität die ganze Kirche lehre oder den **Verstand Aller** im Glauben leite. Das Ansehen aber der übrigen Bischöfe, welche, weil als Hirten, von Gott auch als Richter in Glaubenssachen aufgestellt sind, würde diese Ansicht eben so wenig beeinträchtigen, als sie deren Gewalt, gesetzliche Bestimmungen zu erlassen, aufhebt, wenn sie sagt, es gebe nur Einen obersten Gesetzgeber in der Kirche, nämlich den Papst. Auch im Staate brauchen nicht alle wahren Richter zugleich auch die obersten Richter zu sein; etwas anderes ist es ja, eine Sentenz sei ein Richterspruch, etwas anderes, sie sei ein unantastbarer Richterspruch. Wie in bürgerlichen Dingen jene Richter nicht aufhören Richter zu sein, von denen man an einen höheren Gerichtshof appelliren kann, so verlieren auch die Bischöfe ihre Entscheidungsgewalt in Glaubenssachen **nicht**, wenn es noch eine höhere Instanz gibt, von der allein man eine weitere Appellation nicht ergreifen kann, d. h. deren Entscheidung in Glaubenssachen allein unantastbar ist. Sind die Bischöfe ferner auch dem obersten Hirten zum Gehorsame verpflichtet, so folgt daraus nicht, sie hätten keine Gewalt mehr über ihre Gläubigen. Wer nämlich einem Andern untergeben, oder der Schüler eines Andern ist, der kann zugleich wieder für Andere der Vorgesetzte und Lehrer sein, wie auch derjenige, der unter einem höhern Richter steht, zugleich als Richter über Andere gesetzt sein kann.

Inhaltsverzeichniß.

	Seite
Vorwort	III
I. Um was handelt es sich?	5
II. Die Hut der Einheit des Glaubens zur Zeit der Martyrer	24
III. Die allgemeinen Concilien und der hl. Stuhl	27
IV. Die Lehre von dem Kriterium der katholischen Wahrheit zu den Zeiten der hl. Väter	41
V. Die Päpste als Vertheidiger des Concils von Chalcedon	49
VI. Der Dreikapitelstreit	57
VII. Die Briefe des Honorius an Sergius	65
VIII. Das gegen Honorius gefällte Urtheil	78
IX. Meinungen einiger Päpste über den Spender des Sakraments der Priesterweihe	86
X. XI. XII. Die Gewalt der Päpste über Fürsten und Reiche im Mittelalter. Verhältniß von Kirche und Staatsgewalt. Der christliche Staat	92
XIII. Der hl. Thomas von Aquin und die Schulen der religiösen Orden	94
XIV. Das II. Concil von Lyon	109
XV. Von dem Gehorsam gegen den hl. Stuhl	117
XVI. Die Glaubensentscheidungen und die Zeitbedürfnisse	127

www.ingramcontent.com/pod-product-compliance
Lightning Source LLC
Chambersburg PA
CBHW020056170426
43199CB00009B/301